Elogios a

8 SEGREDOS PARA UMA MANIFESTAÇÃO PODEROSA

"A obra de Mandy é dedicada às pessoas e suas lutas emocionais à medida que elas procuram por um propósito e validação em um mundo onde os mais iluminados são ignorados. Este poderoso trabalho de cura é uma coisa que está em falta no mundo da saúde mental e física de hoje e é luz para outros acharem a si mesmos, criando novas referências e experiências significativas que podem ser canalizadas para ultrapassar qualquer obstáculo, triunfando mais do que em seus sonhos mais loucos. Mandy mostra que você tem o poder de mudar a realidade em seus termos e de acordo com seu próprio livre-arbítrio."

— **Anthony William**, autor da série *O Médium Médico*,
best-seller do *New York Times*,
e especialista em doenças crônicas

"Em um mundo que pode às vezes ser sombrio, o amor, a integridade e a autenticidade de Mandy são como uma lufada de ar fresco. Manifestar o que você quer não tem que ser um processo lento e doloroso. Pode ser divertido e fácil, e Mandy lhe mostra como fazer isso."

— **Nina Dobrev**, atriz, diretora e produtora

"Neste livro, Mandy Morris lhe ensinará maneiras práticas de elevar sua energia vibracional. Ela oferece uma sabedoria poderosa para ajudar você a atrair o que quer na sua vida. Uma leitura obrigatória."

— **Marci Shimoff**, autora de
Os Sete Passos Para Ficar de Bem com a Vida,
best-seller do *New York Times*

"Mandy é um manancial de sabedoria e coração. Ela é capaz de simplificar o esotérico, transformando-o em informações práticas a fim de trazer alegria, amor e manifestação para a vida de alguém."

— **Kimberly Van Der Beek,**
blogueira de bem-estar e ativista ambiental

"A obra de Mandy é uma ponte singular entre psicologia moderna e espiritualidade, entregue com precisão, compaixão e amor incondicional. Entre outras coisas, os ensinamentos de Mandy nos dão um entendimento profundo de nossas partes menos desejáveis para que possamos ser mais amáveis com nós mesmos e, por conseguinte, com os outros. Esse entendimento é, na minha opinião, aquilo de que a humanidade precisa desesperadamente para se curar."

— **Dra. Afsoon Pouya,** coach, fundadora da True Vibration Academy
e terapeuta cognitivo-comportamental

"Conhecendo Mandy Morris há anos, vi como suas técnicas impactam a vida de uma pessoa. Na verdade, eu mesmo experimentei os resultados transformadores de seus ensinamentos. Além disso, a habilidade de melhorar vidas vem de seu profundo amor por todos. Um amor que pode transformar cada um de nós."

— **Michael Barnes,** Ph.D., microbiologista,
geneticista e coach de negócios

"As perspectivas profundas de Mandy estabelecem os princípios mais importantes para dominar a manifestação de modo que você viva seus sonhos, manifeste uma vida cheia de abundância e coloque seu entendimento espiritual em prática."

— **Peter Nguyen,** CEO do Ad Exchange Group,
finalista nacional do prêmio Ernst & Young
na categoria Empreendedor do Ano

8 SEGREDOS PARA UMA MANIFESTAÇÃO PODEROSA

8
SEGREDOS
PARA UMA
MANIFESTAÇÃO
PODEROSA

Como Criar a Realidade dos Seus Sonhos

MANDY MORRIS

ALTA BOOKS
GRUPO EDITORIAL
Rio de Janeiro, 2023

8 Segredos para uma Manifestação Poderosa

Copyright © 2023 da Starlin Alta Editora e Consultoria Eireli.

ISBN: 978-85-5081-850-4

Translated from original 8 Secrets To Powerful Manifesting. Copyright © 2022 by Amanda Morris. ISBN 978-1-4019-6495-5. This translation is published and sold by Hay House, Inc., the owner of all rights to publish and sell the same. PORTUGUESE language edition published by Starlin Alta Editora e Consultoria Eireli, Copyright © 2023 by Starlin Alta Editora e Consultoria Eireli.

Impresso no Brasil — 1ª Edição, 2023 — Edição revisada conforme o Acordo Ortográfico da Língua Portuguesa de 2009.

Dados Internacionais de Catalogação na Publicação (CIP) de acordo com ISBD

M875o   Morris, Mandy

        8 segredos para uma manifestação poderosa: como criar a realidade dos seus sonhos / Mandy Morris ; traduzido por Emilly Lopes. - Rio de Janeiro : Alta Books, 2023.
        256 p. ; 16cm x 23cm.

        Tradução de: 8 Secrets to Powerful Manifesting
        Inclui índice.
        ISBN: 978-85-5081-850-4

        1. Autoajuda. 2. Visualização. 3. Realização. I. Lopes, Emilly. II. Título.

                             CDD 158.1
2022-3156   CDU 159.947

Elaborado por Odilio Hilario Moreira Junior - CRB-8/9949

Índice para catálogo sistemático:
1.   Autoajuda 158.1
2.   Autoajuda 159.947

Produção Editorial
Grupo Editorial Alta Books

Diretor Editorial
Anderson Vieira
anderson.vieira@altabooks.com.br

Editor
José Ruggeri
j.ruggeri@altabooks.com.br

Gerência Comercial
Claudio Lima
claudio@altabooks.com.br

Gerência Marketing
Andréa Guatiello
andrea@altabooks.com.br

Coordenação Comercial
Thiago Biaggi

Coordenação de Eventos
Viviane Paiva
comercial@altabooks.com.br

Coordenação ADM/Finc.
Solange Souza

Coordenação Logística
Waldir Rodrigues

Gestão de Pessoas
Jairo Araújo

Direitos Autorais
Raquel Porto
rights@altabooks.com.br

Produtor da Obra
Thales Silva

Produtores Editoriais
Illysabelle Trajano
Maria de Lourdes Borges
Paulo Gomes
Thiê Alves

Equipe Comercial
Adenir Gomes
Ana Claudia Lima
Andrea Riccelli
Daiana Costa
Everson Sete
Kaique Luiz
Luana Santos
Maira Conceição
Nathasha Sales
Pablo Frazão

Equipe Editorial
Ana Clara Tambasco
Andreza Moraes
Beatriz de Assis
Beatriz Frohe
Betânia Santos
Brenda Rodrigues

Caroline David
Erick Brandão
Elton Manhães
Gabriela Paiva
Gabriela Nataly
Henrique Waldez
Isabella Gibara
Karolayne Alves
Kelry Oliveira
Lorrahn Candido
Luana Maura
Marcelli Ferreira
Mariana Portugal
Marlon Souza
Matheus Mello
Milena Soares
Patricia Silvestre
Viviane Corrêa
Yasmin Sayonara

Marketing Editorial
Amanda Mucci
Ana Paula Ferreira
Beatriz Martins
Ellen Nascimento
Livia Carvalho
Guilherme Nunes
Thiago Brito

Atuaram na edição desta obra:

Tradução
Emilly Lopes

Copidesque
Sarah Oliveira

Revisão Gramatical
Caroline Palha
Alessandro Thomé

Diagramação
Joyce Matos

Editora afiliada à:

ASSOCIADO

ALTA BOOKS
GRUPO EDITORIAL

Rua Viúva Cláudio, 291 — Bairro Industrial do Jacaré
CEP: 20.970-031 — Rio de Janeiro (RJ)
Tels.: (21) 3278-8069 / 3278-8419
www.altabooks.com.br — altabooks@altabooks.com.br
Ouvidoria: ouvidoria@altabooks.com.br

Para Oliver, Braydon, Zion e minha mãe,
que fazem meu mundo girar.
Tudo o que sou é por causa de vocês.
E para meus Authentic Lifers, que me deram
uma razão para servir com gratidão e amor.

AGRADECIMENTOS

Gostaria de agradecer a todos que contribuíram para este livro e para minha capacidade de compartilhar sua mensagem. Escrever isto aqui foi um verdadeiro presente, e só posso esperar que você também ache a mesma coisa enquanto estiver lendo.

A Kristina Grish; esta obra de amor não teria sido tão lindamente possível sem você. Você me permitiu ficar em minha zona de genialidade, e eu sempre apreciarei nossas conversas.

A Laura Nolan, por guiar esse processo e me acolher no mundo editorial com tanta competência.

A Reid Tracy, Patty Gift e Melody Guy, da Hay House; encontrei uma família em todas vocês e sou muito grata pela facilidade que sinto em trabalharmos juntas.

A Anthony William, por me apoiar em meu propósito e por amar a humanidade tão profundamente.

A Marian Lizzi, uma mulher especial que despertou a capacidade do mundo de receber essa informação e esse amor.

A Oliver, meu amor, minha rocha, meu tudo de bom.

A Braydon, o nascido de meu coração. Sou muito feliz porque sua alma encontrou a minha. E agradeço a Zion, cuja presença angelical por si só muda meu mundo.

À mamãe, por crescer comigo.

Ao papai, por sua dor ter se tornado meu propósito.

E agradeço aos milhares que chamo de minha "família de alma" — meus Authentic Lifers, a personificação e representação de meu amor pela humanidade e por tudo o que *realmente* somos.

SOBRE A AUTORA

Mandy Morris é fundadora da Authentic Living, uma organização educacional que tem mais de 800 mil alunos em mais de 60 países, com cursos online e presenciais projetados para ajudar as pessoas a reprogramar sua mente, energia e seu coração para uma total abundância em todos os aspectos da vida.

Os métodos de Mandy, baseados na ciência e no amor para criar mudanças instantâneas e duradouras, foram estudados, ensinados e usados em todo o mundo por terapeutas e *coaches*. Atualmente, seus *coaches* certificados estão atuando em todo o mundo. Mandy trabalhou na Escandinávia e nos EUA para estudar como os padrões cerebrais de um indivíduo mudam por meio de sua metodologia de terapia comunicativa, que se concentra em chegar à raiz de uma crença falha para eliminar os problemas sintomáticos. Mandy trabalha com programações infantis, crenças de sabotagem, controle de gatilhos, relacionamentos abusivos, trauma, a ciência da manifestação e a lei da atração.

Retribuir e mudar vidas é uma das maiores paixões de Mandy. Em 2015, ela cofundou a Hustle and Heart, uma iniciativa filantrópica destinada a aliviar a fome e fornecer educação, segurança, assistência médica, necessidades sanitárias, alimentos, moradia e equipamentos agrícolas para hospitais, tribos e para as pessoas desfavorecidas nas Filipinas. O trabalho foi tão gratificante, que ela o levou adiante e cofundou a Authentic Living Foundation, fornecendo bolsas de estudo para vários programas e eventos, bem como recursos para mulheres e crianças que sofreram agressões.

Mandy atualmente mora no Colorado com o marido, dois filhos, cavalos, cachorros e galinhas, perto do Authentic Living Heartland, um centro de retiro sagrado que pertence a Mandy e ao marido, para almas que vão para aprender, crescer e curar-se.

Para saber mais sobre Mandy, visite www.authenticliving.com.

Foto de Mandy Morris: Hannah Rose Gray Photography.

SUMÁRIO

Introdução: Quem Não Gosta *de* um Bom Segredo?   xv

PARTE I
DOBRANDO O TEMPO

Capítulo 1:   Do Caos à Magia   1

Capítulo 2:   O *Bê-á-bá* da Manifestação   21

Capítulo 3:   A Ciência da Manifestação   41

PARTE II
OS 8 SEGREDOS DE MANIFESTANTES PODEROSOS

Capítulo 4:   Segredo nº 1: Crie Registros Energéticos   61

Capítulo 5:   Segredo nº 2: Desembarace as Energias Densas   79

Capítulo 6:   Segredo nº 3: Controle Gatilhos com
                Quebras de Padrões   95

Capítulo 7:   Segredo nº 4: Busque o Amor-Próprio   113

Capítulo 8:   Segredo nº 5: Abrace Sua Energia
                Intencional para Começar a Manifestar   133

Capítulo 9:   Segredo nº 6: Crie um Modelo de Manifestação
                 para Medidas de Ação   155

Capítulo 10:   Segredo nº 7: Reformule *as* Regras Restantes   171

Capítulo 11:   Segredo nº 8: Incorpore Seu Eu do Futuro   185

Capítulo 12:   Fechando o Ciclo   199

Considerações Finais   219

A Comunidade dos 8 segredos   223

Índice   225

QUEM NÃO GOSTA DE UM BOM SEGREDO?

Cada um de nós sabe a confusão, a tristeza e a frustração que vêm com o sentimento de que nossa vida não está se desenrolando da maneira como achamos que deveria. Talvez você se sinta perdido ou sobrecarregado por acontecimentos do passado. Talvez seus relacionamentos não tenham seguido o rumo que você esperava. Deixe-me adivinhar: você não está exatamente arrasando em seu emprego e sua renda é menos do que o ideal. Escute, eu entendo. De verdade. Porque, se você se parece pelo menos um pouquinho com a pessoa que eu era, há uma boa chance de você já ter rezado por uma realidade diferente da qual está vivendo atualmente, ou ter tentado, por si mesmo, manifestar um futuro mais promissor, apenas para terminar no mesmo ponto em que começou — sentindo-se derrotado, incapaz, inseguro, desesperançoso e desprezado. Eu sempre achava que havia algo errado comigo quando enfrentava meus demônios, levando em consideração que parecia que as outras pessoas eram capazes de ter ou fazer as coisas que eu queria para mim mesma.

Bem, estou aqui para lhe dizer que a vida não precisa ser assim — que você pode ter tudo o que já desejou e muito mais. Eu sei disso porque agora estou do outro lado dessa dor. Depois de superar desafios em praticamente todas as áreas de minha vida, eu ensinei milhares de pessoas que tudo o que elas desejam está acessível e que sempre há uma jornada para conseguir o que querem.

Sim, *sempre*.

Como empreendedora, filantropa e especialista em manifestação, passei quase uma década ensinando clientes — em particular, online e durante eventos ao vivo e workshops que mudaram minha vida, com minha empresa Authentic Living — a como ter uma existência genuína e plena para que eles pudessem manifestar mudanças instantâneas e duradouras. Tenho visto constantemente que abundância, felicidade, amor e propósito acharão o caminho até você quando estiver em um estado de espírito honesto e saudável que o colocará no melhor e mais elevado caminho energético — um que revela a si mesmo enquanto você entende, purifica e eleva as crenças e convicções que o guiam. Uma vez que começa a abraçar quem verdadeiramente é, você se torna inteiro e completo por seguir o verdadeiro norte de sua alma. Suas manifestações se tornam mais bonitas e mais fáceis de alcançar do que você jamais poderia imaginar.

Quais são as chaves específicas para o seu tão cobiçado futuro? Oito princípios secretos que o ajudarão a alcançar seus maiores desejos com facilidade e rapidez. Eles apontarão o caminho para o seu eu mais espetacular, o qual está alinhado com o bem maior do universo, e o resultado se tornará o alicerce para manifestar todo e qualquer objetivo que você almeja cumprir. Os métodos que compartilho neste livro foram extraídos e desenvolvidos sobretudo quando eu estava em um estado intuitivo e meditativo. Tenho reunido informações dessa maneira desde que eu tinha 5 anos, e acredito que o que acesso e ensino vêm de uma fonte pura e divina. Embora eu não seja médium — como a maioria dos formadores de opinião conectados com seus lados espirituais —, recebo constantemente orientação e direção vindas do universo, e grande parte dessa "inteligência sábia" já vem inclusa a maneira de como ensinar manifestação para as massas de um jeito novo e único. Eu levo essa missão muito a sério. Minhas técnicas também são inspiradas pela minha educação formal; pesquisas que fiz ao lado de cientistas, doutores e enfermeiros psiquiátricos notáveis; e experiências pessoais que mudaram minha própria trajetória. Também aprendi muito com minhas parcerias com clientes que vieram até mim em seus momentos mais críticos. Depois que trabalharam comigo para melhorar seus pensamentos, reprogramar o cérebro e refinar suas intenções, eles continuaram a manifestar a casa, o parceiro, a carreira, a saúde, as férias, a estabilidade financeira, o propósito, a família e (insira qualquer outro desejo urgente aqui!) dos seus sonhos mais ousados.

Desvendando os Segredos para a Manifestação

Embora eu nunca tenha estado mais feliz nem me sentido mais despreocupada graças aos meus segredos de manifestação, minha vida nem sempre foi um mar de rosas. Minha jornada foi repleta de disfunções familiares, vícios, divórcio, trauma sexual, transtornos alimentares e incontáveis relacionamentos e empregos sem futuro. Como você lerá em breve em mais detalhes, depois que um namorado abusivo acabou comigo, eu soube que algo em meu caminho tinha que mudar — e fiz tudo o que estava ao meu alcance para forjar um novo caminho. Eu me rendi a um poder maior, conquistei diplomas profissionais nas áreas de psicologia e liderança para impulsionar meu crescimento espiritual e me senti guiada a canalizar e implementar as maneiras seletas pelas quais ciência e a neurologia afetam nossa habilidade de manifestar. (Para ser honesta, inicialmente não percebi o quão alinhadas cientificamente muitas dessas informações eram até alguns amigos extremamente inteligentes confirmarem que eu devia estar tirando tudo aquilo de um lugar divino, visto que eu não tinha nenhum histórico formal na sabedoria específica e inata que estava compartilhando.)

Quando comecei a buscar o doutorado, percebi que maiores graus de formação, na verdade, não eram o melhor caminho para mim, então decidi parar. Honestamente, toda a formação do mundo não seria capaz de me curar ou me ajudar a seguir em frente com minha vida; em vez disso, eu instintivamente sabia que teria que arranjar uma solução sozinha. Muitas das coisas que faço são direcionadas por uma bússola interior que me mostra que, caso algo não pareça certo, eu simplesmente não o farei. Baseada na orientação divina que recebo durante as meditações, no entanto, descobri que consertar a mim mesma com a ajuda de uma força maior fazia com que manifestar se tornasse mais fácil, e, à medida que eu examinava como e por que minha vida estava melhorando, os oito segredos surgiram. Eu me senti tão bem seguindo esses indicadores, que não consegui guardar essa informação apenas para mim e comecei a compartilhar com quantas pessoas eu pudesse. E agora mal posso esperar para compartilhar esses segredos com você!

Fazendo o Trabalho Interior

Esqueça os quadros de visualização coloridos e a forma genérica de pensar positivo. Mais do que qualquer coisa, descobri que manifestação requer que você esteja alinhado com a versão mais saudável e autêntica de si mesmo — e isso pede certa preparação. Antes que possa até mesmo ter a intenção de dar os primeiros passos cautelosos em direção à manifestação, você tem que gastar um pouco de tempo reconhecendo e então removendo as crenças negativas, pensamentos e sentimentos que geram energia de baixa frequência. Essas coisas podem bloquear seus objetivos e fazer com que resultados desagradáveis ocorram. É um fenômeno que eu chamo de "contramanifestação", no qual você acidentalmente cria uma vida que *não* quer porque está vivendo em uma desordem emocional e energética. No entanto, quando você é capaz de rever e melhorar suas crenças, seus pensamentos e sentimentos, o que pode levá-lo a um estado vibracional mais elevado, o universo responde à altura. Qualquer coisa que quiser começará a dar as caras de uma maneira positiva, já que você está fazendo um trabalho que lhe permite se curar de crenças sabotadoras e limitantes, criar outras novas no lugar e superar traumas passados que ficam no caminho entre você e seus objetivos. Uma vez que você se encontra nesse estado positivo genuíno, é aí que começa a falar na mesma língua que o universo! Paralelamente, suas novas e melhoradas crenças esculpem novos caminhos neurológicos no cérebro para que seus pensamentos aprimorados e condutas se tornem seu novo normal e seu apoio emocional automático. Você verá os efeitos surtidos em sua manifestação em todos os níveis: mental, emocional, físico e espiritual. Em pouco tempo, seu novo jeito de viver se tornará um hábito, e manifestar será como respirar. Afinal de contas, a consciência é uma das forças mais fortes do universo, e, enquanto cada um de nós tem uma história humana que é recheada pelo nosso passado, podemos decidir entre sucumbir a ela ou transmutá-la em um futuro melhor. Se sua consciência está direcionada para o passado, logo ela estará realimentando esse passado, e esse monstro se tornará ainda mais denso energicamente. Contudo, se você escolhe mudar e ressignificar essa história humana, então sua consciência não estará mais naqueles momentos do passado, e deixará de existir. Assim mesmo, em um piscar de olhos. É tão profundo quando isso acontece, que não consigo pensar em nenhuma palavra para explicar qual é a sensação. O que eu sei é que você experimentará um gosto profundo da verdade — a qual faz com que você se sinta extremamente leve, livre, amado e completo —, tão intenso, que se tornará doloroso viver de qualquer outra forma. Você perceberá que sua vida pode refletir quem você escolhe ser e que essa versão não é quem você foi no passado, mas quem você é de verdade.

Como Usar Este Livro

Quero que você tire o máximo possível de proveito deste livro à medida que explico os pilares básicos da manifestação e que, então, mergulhe de cabeça nos oito segredos que mudarão sua vida. Embora alguns desses passos incluam ferramentas que você pode usar em qualquer estágio do processo, eles são bastante sequenciais, então você deve ler e praticá-los na ordem. Para maximizar os resultados, você também vai querer ter certeza de que entendeu e implementou cada princípio antes de seguir para o próximo. Eventualmente, você poderá personalizar o processo de manifestação para atender a seus objetivos baseado no que tenha funcionado para você anteriormente. Porém, enquanto ainda está aprendendo, peço para que pratique de forma ordenada.

Aqui vai um pouco de como seu processo e seu crescimento se desenrolarão conforme nós trabalhamos juntos. Quero estabelecer isso agora para que você possa vislumbrar como todas as partes pequenas e em andamento trabalharão em prol de um conjunto inteiro, bonito e sinergético. Na Parte I deste livro, compartilharei minha história pessoal mais os princípios e a ciência por trás da manifestação em geral, e então, na Parte II, explicarei os oito segredos da manifestação e sugerirei maneiras para você personalizá-los e aplicá-los em sua vida. No decorrer do livro, eu lhe ensinarei como verificar suas crenças, seus pensamentos e sentimentos existentes — à medida que você os experiencia —, a fim de que possa renová-los, construir novos caminhos neurológicos em seu cérebro para sustentá-los e aumentar a energia que os alimenta até que o processo se torne algo natural e automático.

Não se preocupe, farei com que seja divertido e fascinante para que você aproveite o processo! Eu o ajudarei a desembaraçar toda energia densa e bloqueios negativos que atrapalham seus objetivos. Também ajudarei você a lidar com lembranças aborrecedoras de seu passado com "quebra de padrões", que mudam suas emoções e redirecionam sua energia quando você reage negativamente a um gatilho. Você melhorará sua habilidade de praticar o amor-próprio e criar o tipo de energia intencional de que precisa para manifestar. Nesse estágio, você começará a nomear e estabelecer objetivos para sua manifestação, e ainda criará um "modelo de manifestação" para ajudá-lo a seguir os passos guiados que tornarão suas expectativas uma realidade extraordinária. Com suas manifestações em prática, você reformulará as regras ou crenças que restaram, com as quais você vive de acordo, e aprenderá a explorar uma versão futura de si mesmo que poderá ajudá-lo a resolver problemas seguindo em frente. Esses últimos dois passos o colocam na posição de receber eventos milagrosos sem muito esforço conjunto, graças à consistente e elevada vibração que agora você tem. Acontecimentos e conversas maravilhosas cairão em seu colo a partir desse ponto, considerando que você existirá e seguirá junto a uma vibração em que apenas as melhores coisas existirão. Sua parceria com o universo ficará mais forte do que nunca. Você aprenderá como cocriar junto com a energia divina e o fará com facilidade e frequência.

Uma última observação que eu gostaria que você mantivesse em mente enquanto lê: eu faço várias referências a Deus neste livro, visto que acredito que Deus está no comando definitivo de tudo o que manifestamos e cocriamos. Não atribuo pronomes femininos ou masculinos a Deus porque eu acredito que Deus é a fonte de toda a energia divina e criativa e que não tem um gênero. Dito isso, saiba que *Deus* é simplesmente o termo que eu uso para me referir ao meu poder superior. Você pode preferir, em vez disso, chamar Deus por outros nomes, como Fonte, Universo (uso esse bastante também), o que ficar melhor para você. A sabedoria e o amor de Deus continuarão sendo espetaculares e sem limites, não importa o nome que você escolha usar quando estiver falando dessa energia.

Ao pegar este livro, você fez uma escolha poderosa para mudar sua vida para melhor — para você e para todo mundo ao seu redor também. Embora eu admita que esta é uma leitura bem abrangente, também embuti muito amor e encorajamento, porque estou muito honrada com o fato de que poderemos mudar sua vida juntos. Os conceitos, as ferramentas e os próprios oito segredos o levarão a uma realidade superior e o colocarão firmemente no controle de todas suas circunstâncias, conforme elas forem se desenrolando e melhorando a cada dia. Então não desperdiçaremos nem mais um segundo: é hora do show.

Parte I

DOBRANDO O TEMPO

Capítulo 1

DO CAOS À MAGIA

Às vezes, nossas dores e nossos traumas mais profundos podem nos ajudar a descobrir quem nascemos para ser. As situações que nos levaram a estar ali podem não ser das melhores, mas o potencial de transformá-las em algo útil e gratificante pode nos levar a uma existência maravilhosa — uma que melhora quem somos e que também ajuda os outros. Durante muito tempo de minha vida, fui escrava do turbilhão interior que vinha de sobreviver a experiências dolorosas e extremamente emocionais e, como resultado, eu inconscientemente criei uma vida que era repleta de um número ainda maior de dificuldades, mágoas, medo e vergonha. Eventualmente fui capaz de contornar a situação quando descobri, e implementei cuidadosamente, os segredos que revelarei neste livro. Eles me guiaram até um lugar de autoconhecimento intenso, o qual me ajudou a manifestar os desejos de meu coração e presenciar milagres acontecendo sem nenhum esforço.

A vida dos *seus* sonhos também está ao seu alcance, e eu mal posso esperar para o ajudar a chegar lá. Mas, primeiro, eu adoraria compartilhar minha história, para que você tenha uma noção do que tive que superar. Deixei de fora alguns detalhes mais íntimos a fim de proteger entes queridos, porém, espero que o que eu revele o ajude a sentir, bem lá no fundo, que, se consegui dar a volta por cima, você também consegue.

O Chamado que Mudou Tudo

Ainda me lembro claramente de minha própria transformação. Ela começou no dia em que apaguei minha luz interior.

Quando eu tinha 13 anos, um grande amigo meu morreu de um aneurisma cerebral repentino, e, na mesma tarde em que aconteceu o seu funeral, recebi uma ligação de meu pai, com uma voz derrotada, tensa e completamente triste — era óbvio que alguma coisa estava muito errada. Perguntei por que ele parecia tão sobrecarregado de sofrimento e exaustão, e ele simplesmente disse: "Querida, seu pai está apenas cansado. Diga à sua irmã que eu a amo muito." Mesmo com 13 anos, pude sentir intuitivamente o peso das poucas palavras de meu pai e deduzir que ele tentaria algo contra si mesmo.

Ele estava ligando para dizer adeus.

Fiquei paralisada e imediatamente internalizei a experiência. Não chorei nem gritei para que ele ligasse para a emergência, em vez disso, era como se meu coração tivesse parado e eu tivesse sido tomada pela culpa, confusão e pelo arrependimento. Achei que, se eu estivesse com meu pai antes de ele tomar a decisão de tirar sua vida e dissesse que a alma dele era maravilhosa e que todos os erros dele tinham sido perdoados — se eu pudesse tê-lo convencido de que ele merecia amor incondicional e em abundância —, logo aquela ligação e o frasco de comprimidos que ele engoliu que resultou nela nunca teriam acontecido.

Enquanto eu crescia, nunca soube que meu pai lutava com seus próprios demônios. Ele nunca lidou com nenhum trauma de infância, não sentiu vergonha de seus relacionamentos amorosos nem escondeu sentimentos profundos de inadequação. Como a maioria das garotinhas, eu achava que meu pai era grande e forte e que poderia lidar com qualquer coisa que a vida jogasse em seu caminho. Achava que meu pai era valente e invencível. Ele era meu mundo e uma de minhas maiores fontes de amor — ainda assim, mal eu sabia que amor era exatamente aquilo que meu pai mais ansiava dos outros e dele mesmo. Ele precisava sentir que fora absolvido de seu passado, mas eu não entendia que isso era algo que ninguém poderia fazer, apenas ele. Que além do suicídio, havia outra maneira.

Eu me sinto grata e completamente sortuda por meu pai não ter morrido naquele dia. Graças à minha mãe, que pegou o telefone de minha mão e ligou para uma ambulância e então gritou para que ele lhe dissesse onde estava e que não envolvesse nem a mim nem a minha irmã naquele momento perturbador, meu pai sobreviveu à overdose. Depois que os paramédicos fizeram uma lavagem estomacal em meu pai e ele fumou um cigarro, ele ligou para dizer que ficaria bem.

Essa experiência virou minha vida de cabeça para baixo. Fez com que eu me sentisse impotente e rasgou minha alma. Sendo filha de pais divorciados, eu já me culpava por várias situações emocionais que não tinham nada a ver comigo. Então, naquele dia, consegui de alguma forma me sentir responsável pelo vazio e sofrimento de meu pai, censurando a mim mesma por não ter estado lá para impedir sua tentativa de suicídio e logo levando isso a um outro nível no qual eu me perguntava por que eu não era o suficiente para que meu pai quisesse permanecer na Terra comigo. Foi esse último ponto que se transformou em um ciclo de autoflagelação que permaneceu junto a mim com o passar do tempo: *Por que meu pai me abandonaria? Não sou boa o suficiente? O que há de errado comigo?*

A tentativa de suicídio de meu pai fez com que eu me sentisse uma filha e pessoa descartável, o que fez com que viver parecesse um esforço sem sentido. Eu me lembro de pensar que, se as coisas poderiam ficar tão feias para meu pai, que era um pilar de força para mim, e eram capazes de forçá-lo a colapsar e desmoronar a ponto de querer morrer, então eu não queria ser parte disso. Se alguém tão fantástico como meu pai não era capaz de passar pela solidão, pelos fardos emocionais ou seja lá o que o tenha feito se render, então eu não queria enfrentar o que a vida tinha reservado para alguém evidentemente tão indigna quanto eu.

E foi assim que decidi me desligar. Comecei a abandonar a essência de quem eu era até aquele ponto e de quem eu era no fundo de minha alma. Eu me tornei uma sombra de meu antigo eu promissor.

Antes de o Mundo Ficar Sombrio

Antes de perder meu caminho, sempre fui cheia de energia positiva e tinha um potencial brilhante. Fosse uma professora, um vizinho ou um estranho na rua, minha mãe dizia que sempre falavam para ela: "Tem alguma coisa especial na Mandy." Por exemplo, minha mãe ama contar que, quando eu tinha 3 anos, abri a Bíblia um dia e comecei a ler perfeitamente as palavras que estavam na minha frente! Por volta da mesma época, minha professora da pré-escola disse a minha mãe que achava que eu era extremamente avançada e, já que a pré-escola tinha uma parceria vigente com uma universidade local para crianças dotadas, ela sugeriu que eu me juntasse à instituição. Lá, eles testaram meu QI e criaram um programa para aprimorar minha aptidão. No entanto, minha mãe estava com medo de me pressionar demais e me encorajou a ser uma "criança normal". Meu pai e o lado dele da família eram todos muito inteligentes, mas também alegavam que sofriam bastante por terem uma mente muito analítica. Minha mãe não queria o mesmo futuro agourento para mim.

Meu bisavô e meu pai tinham cérebros brilhantes, que eram vulneráveis a vícios. Meu bisavô era pedreiro: depois de observar um prédio alto, dizia-se que ele era capaz de falar imediatamente quantos tijolos foram usados para construí-lo. E segundo as histórias da família, ele também era um inventor, com patentes sobre vários tipos de equipamentos de alvenaria. Foi uma pena que ele tivesse vendido suas patentes por trocados e algumas garrafas de bebida, visto que ele bebia para entorpecer todos seus pensamentos desgastantes e hiperativos. Meu pai também era muito brilhante e tinha uma memória fotográfica de impressionar. Quando ele trabalhou como um *landman*, cujo trabalho era negociar com donos de terra para que a empresa dele pudesse operar ou perfurar suas propriedades, minha mãe dizia que ele era capaz de ler páginas e mais páginas de mapas altamente específicos e descrições de terra, e ainda se lembrar de cada detalhe sem precisar dar uma segunda olhada. Meu pai também era um gênio dos jogos de perguntas e charadas. Contudo, nenhum deles teve exemplos positivos ou recebeu o amor de que precisavam para crescer, então se autodestruíram usando remédios e o álcool para desligar a mente.

Tendo em conta os legados desses homens, minha mãe me ensinou a valorizar meu coração, em vez do meu cérebro, e fez com que eu sentisse que ser uma boa pessoa e fazer a coisa certa era tão, senão mais, importante quanto o intelecto. Dessa forma, ela me deu espaço para explorar minha verdadeira natureza — a do amor divino e incondicional. Até mesmo meus professores do ensino fundamental notavam o quanto o amor fluía de mim naturalmente e usavam isso para ajudar os outros. Crianças com necessidades especiais ou com problemas de temperamento, por exemplo, acalmavam-se só de estarem na minha presença. Os professores frequentemente me colocavam com encrenqueiros a fim de não terem que se preocupar com eles. Comecei a me ver como uma menina que era capaz de ajudar os outros; as pessoas se sentiam melhor perto de mim, e meu amor se mostrou ser suficiente para acalmar qualquer pessoa. Só de ser eu mesma, *eu* já era suficiente.

Então imagine meu choque e desespero quando a tentativa de suicídio de meu pai sugeriu o contrário. Não é de se admirar que me afundei em sentimentos de autojulgamento, confusão, culpa, insuficiência e raiva.

Algumas semanas após meu pai ter tentado se suicidar, comecei a tirar notas baixas, larguei os programas especiais para alunos dotados de minha escola e parei de me importar tanto com os outros. Eu amava tocar piano e violão, mas perdi o interesse por essas coisas. Eu me recusava a praticar esportes na escola, mesmo que fosse naturalmente atlética e amasse vôlei, futebol, ser líder de torcida, dançar e fazer ginástica.

Nunca me esquecerei de quando um de meus professores de História do ensino médio me chamou de canto e disse: "O que aconteceu com você? Não vai chegar a lugar nenhum se não começar a se preocupar com seu futuro." Quando ouvi esse comentário de meu professor, me recordo de ter sorrido por dentro e pensado insolentemente: *Sim, não quero chegar a lugar algum. Você não pode fazer eu me importar e eu já cansei de tentar. De que adianta?*

Se eu tivesse analisado mais na época, teria percebido que o que eu estava *realmente* sentindo era: *Se eu não era capaz nem mesmo de salvar meu próprio pai, de que adiantava?* Eu queria me tornar invisível para que ninguém pedisse minha ajuda — a ajuda que meu pai não valorizava o suficiente para pedir. E se eu fechasse meu coração, não teria que sentir mais dor por qualquer coisa. Acontece que, quando você bloqueia todas as suas emoções dolorosas, também bloqueia o amor e todas as emoções positivas junto. E quando tenta se esconder e se tornar invisível, você apenas atrai para o seu mundo pessoas que pensam do mesmo jeito, da pior maneira possível. As luzes se apagam, e você fica cercado pela escuridão. Acaba até esquecendo de que é luz e começa a pensar que a escuridão é tudo o que existe. Você perde quem você é, até que um dia não reconhece mais quem vê refletido no espelho.

Eu Podia Fugir, mas Não Podia Me Esconder

Durante o ensino médio, a última coisa que eu queria era ficar sozinha com meus pensamentos e sentimentos. Era muito doloroso, então, em vez disso, eu vivia atrás de distrações variadas. Quanto mais rápido eu fugisse, melhor. Isso resultou em muitas mudanças e instabilidade, que se tornaram coisas constantes para mim — com amigos, notas, minha identidade, relacionamentos, carros, transtornos alimentares e coisas do tipo —, e que fizeram com que eu me tornasse mestre em procurar situações instáveis que ofereciam novidade e gratificação instantânea. Eu vivia em busca de emoções fortes e nunca me permitia ficar confortável demais. Eu gostava de me sentir bem e depois seguia em frente, por escolha própria, sem dar chance para a vida tirar algo de mim primeiro.

Depois da minha formatura, no entanto, saí de casa — e meus pais deixaram claro que, no minuto em que eu saísse pela porta, eu teria que me virar sozinha. Considerando que não tinha escolha a não ser pegar ou largar, decidi que tentaria fazer algo de minha vida. Eu me sacrifiquei, trabalhando em três empregos a fim de pagar minha universidade estadual. Em certo ponto, trabalhei em um ferro-velho carregando pneus, separando peças e registrando sucatas de veículos. Era um trabalho exaustivo. Também comecei a melhorar nos estudos pela primeira vez desde a overdose de meu pai, mas isso não significa que minha vida tinha ficado mais fácil. Ainda tive que dormir em meu carro por algumas noites, precisei de outras pessoas para me comprar comida e pagar meu combustível e sentia vergonha de minha situação. Estava fazendo um sério esforço para progredir, mas não importava o que eu fizesse, não conseguia me sentir estável, feliz ou realizada.

Com poucos recursos para continuar pagando a universidade, eu me transferi para uma faculdade pública e, posteriormente, para a Universidade do Grand Canyon, onde consegui pagar meus estudos integralmente ao trabalhar como consultora educacional para a faculdade. Foi aí que as coisas começaram a melhorar. Conquistei minha graduação em Psicologia e meu mestrado em liderança empresarial. Pela primeira vez em algum tempo, as coisas começaram a melhorar — eu ganhava o que achava ser um bom dinheiro, ia bem no trabalho, comia de maneira saudável e me exercitava bastante. Também me esforcei muito para deixar no passado de uma vez por todas a bulimia, que desenvolvi no ensino médio após mais um relacionamento disfuncional.

Embora eu estivesse agora dando o meu melhor, não percebi que, para ter uma vida boa, precisava me importar com minha saúde mental.

Achei que colecionar diplomas e conquistas me levariam longe, já que era isso que a sociedade valorizava. E por fora, eu parecia bem. Porém, por dentro, eu me sentia um desastre, porque não tinha as ferramentas para me libertar de meu passado. Continuava fazendo escolhas emocionais erradas para mim mesma porque o ciclo tóxico era o meu normal. Abrir meu coração para boas pessoas ou sentir conexões profundas e genuínas parecia perigoso. Acabei em situações e relacionamentos que eram arriscados e destrutivos para minha alma, e eu me culpava e me sentia envergonhada por isso — o que mais para frente gerou uma falta de amor-próprio. Eu escondia isso do resto do mundo. Se ninguém notasse que eu estava desmoronando, era mais seguro do que ser honesta sobre a situação.

Cheguei ao fundo do poço quando, aos 20 e poucos anos, namorei um dos homens mais desajustados e abusivos que já conheci. Esse meu namorado ficava bêbado, me chamava de coisas asquerosas e me mostrava fotos das mulheres com quem ele já havia dormido quando estávamos brigando. Ele então se desculpava e "demonstrava remorso" para que eu cedesse e o perdoasse. Eu me acostumei com esse ciclo abusivo, tentei consertá-lo, e até mesmo tentei imitar seu comportamento. Estava tão habituada a confundir prazer com dor, que aceitei ser tratada assim por ele por tempo demais. Nós ficamos terminando e reatando por dois anos.

Em busca de um recomeço, finalmente me mudei para a Flórida, mas esse mesmo namorado logo foi para lá me encontrar. Depois de um dia especialmente difícil, ele jogou uma taça de vinho tinto na minha direção durante uma briga. O vidro se estilhaçou na parede atrás de mim e o vinho se derramou no tapete. Naquele momento, a percepção da minha profunda falta de autoestima me atingiu no mesmo instante em que um véu pesado de negação começava a ser levantado. Eu pensei: *Como pude deixar isso acontecer comigo? Como cheguei a esse ponto? Eu me desvalorizava demais para ficar naquela situação por tanto tempo!* Eu era capaz de ver a fúria e a dor mal resolvida no rosto dele. Eu não amava aquele homem do jeito que ele queria, e aquilo estava o matando. Finalmente compreendi e gritei: "Saia! Saia da minha vida!" Ele foi embora. Aquela foi a última vez que eu me prostei diante do altar do caos.

Era a hora de dizer chega.

Nenhum Lugar para Ir, senão o Topo

Pela primeira vez, percebi que fugir de meus problemas não funcionava. Só tornava tudo pior. Por não enfrentar o trauma com meu pai e meu passado, ele apenas se repetia no presente. Assim como meu pai tentou fugir de sua vergonha e de suas falhas recorrendo a mulheres, drogas, álcool e, finalmente, ao suicídio — a fim de se distrair de seus próprios pensamentos e sentimentos —, eu também estava fazendo a mesma coisa, só que com distrações diferentes. Muitos dos homens que namorei, na verdade, eram como meu pai. O que meu pai mais desejava e precisava era amar a si mesmo. E eu precisava da mesma coisa. Devia a mim mesma o amor que neguei para minha alma por muito tempo — o amor inocente e pueril que era meu estado mais natural e autêntico. Eu precisava achar o caminho de volta para *mim*.

Depois que meu ex-namorado abusivo definitivamente saiu de meu apartamento, caí de joelhos e chorei. Meu corpo se sacudia enquanto eu libertava o peso de incontáveis decisões prejudiciais. Examinei quais caminhos não foram minha culpa e quais escolhas foram. De uma vez por todas, eu me comprometi a entrar nos eixos.

Eu me arrastei até o banheiro, encarando meu reflexo no espelho, à procura de alguém que eu reconhecesse. Fiquei chocada ao encontrá-la. Olhei dentro de meus próprios olhos azuis cristalinos e vi a mim mesma como a alma pura e de potencial ilimitado que Deus me criou para ser. Eu me rendi ao universo e me dediquei à melhoria do mundo. Fiz um voto a Deus: "Prometo para a humanidade que me farei visível. Estou aqui por uma razão, então me mostre o caminho, e eu O seguirei. Eu não preciso de nada — nem de dinheiro, de um relacionamento ou de filhos —, mas, por favor, dê-me paz."

Naquele momento, eu me entreguei para ser um vaso de amor para os outros e disse que eu daria tudo o que tinha para ajudá-los e fazer o que fui enviada para fazer. Ainda que eu não compreendesse completamente a capacidade ou o contexto, no fundo de meu coração, eu sabia que queria usar meu trauma para ajudar outras pessoas que estiveram onde eu estive. Sabia que, se eu fui capaz de construir novas crenças e percepções, seria capaz de encontrar outras pessoas que estivessem sofrendo e ajudá-las. Nunca fui uma pessoa muito religiosa, mas sempre acreditei que eu tinha minha própria conexão com Deus. Do meu próprio jeito, preservava certos princípios espirituais como amor, fé, honestidade e integridade. Então, ali estava eu, fazendo meu compromisso na frente do espelho do banheiro com a direção do universo e me sentindo mais segura do que nunca. Senti uma sensação extraordinária de amor, serenidade e orientação me envolver como eu nunca tinha experimentado antes. Eu estava confiando fielmente em um poder superior para me ajudar com meus próximos passos, já que, claramente, depender de minha própria orientação confusa, baseada em um condicionamento passado, estava acabando comigo.

Novos Começos

O que aconteceu em seguida não foi nada menos que um milagre. Nos dias seguintes, minha energia mudou tanto, que eu sentia como se estivesse sendo conduzida por um poder grande e inspirador dentro de mim e ao meu redor. Não sei se um poder superior passou a se mostrar tão forte porque dediquei minha vida à servidão, e meu intuito de mudar era bem fervoroso, ou se foi apenas um milagre aleatório —, mas eu *estava comprometida por inteiro*. Rezei para quem quer que estivesse ouvindo: "Tire tudo o que não é para mim e me traga tudo de que preciso para fazer meu trabalho." Na época, eu não sabia, mas estava ajustando minha energia intencional por meio dessa mentalidade. Estava fazendo um voto de abandonar o passado e meu senso de controle para que então eu pudesse apenas servir e alcançar o que estava destinada a fazer.

Em pouco tempo, conheci pessoas inspiradoras, saudáveis e amorosas, que apoiavam coisas boas e apreciavam minha luz sem querer controlá-la ou apagá-la. Li sobre mecânica quântica e metafísica e pude sentir meu intelecto natural ressurgindo. Desenvolvi técnicas de manifestação frágeis, mas efetivas, sendo guiada por percepções que eu intuía enquanto meditava. Lembrei-me de minhas escolhas erradas e de que eu tinha machucado os outros como subproduto de minha dor e angústia mental mal resolvidas; minha compaixão por aqueles que estavam em minha posição cresceu imensamente. Eu reencontrei minha alma e o ser amoroso puro que era. Gastei tempo canalizando, da melhor forma que podia, para ter certeza de que eu estava sendo guiada pelo divino.

Perceba, a canalização não era algo novo para mim, mas eu ainda não tinha refinado esse dom. Quando era criança, eu via espíritos e energias e ouvia sons que ninguém mais conseguia. Por volta dos 20 anos, entrei em um canal na frente de um amigo de mentalidade espiritual — a minha boca se abriu, e as palavras começaram a sair. Ele comprou para mim um livro sobre o tema, mas aquilo ainda me assustava. Eu tinha medo de que algo maligno fosse se apossar de mim. Contudo, se eu não deixasse a informação fluir, minha cabeça doía. Logo, aprendi a usar o amor para garantir que eu canalizasse apenas informações divinas que vinham de Deus.

À medida que uma nova vida começava a se desenrolar diante de mim, ela se tornou uma jornada incrível e alucinante. Aprendi a viver no presente, o que acalmou minha mente, e se não olhasse muito para trás ou para a frente, conseguia respirar. O universo também deixou algumas migalhas de orientação que me guiaram na direção de oportunidades e encontros promissores. Enquanto ainda estava na Flórida, criei vídeos para minhas páginas nas redes sociais a fim de me conectar com outras pessoas. Nesses vídeos, eu compartilhava o que aprendi sobre a frequência das emoções e a energia por trás das palavras, e então usava minha formação em Psicologia para conjugar tudo isso. Eu também compartilhava o que descobria por meio da canalização e meditação. Fazer esses vídeos permitia que eu me expressasse e expandisse minha comunidade. Foi durante uma meditação, na verdade, que os oito segredos começaram a emergir gradualmente, embora eu ainda não entendesse totalmente como eles impactavam a manifestação. Eu estava essencialmente em uma jornada de autocura, mas estava ficando claro que, quanto mais eu lidava com o passado, mais fácil ficava criar uma vida na qual eu finalmente desejasse viver. Comecei a amar a mim mesma intensamente e a aceitar que eu era suficiente — e, olha, foi aí que minha vida deu uma guinada, e bem rápido.

Peça e Receberá

Gosto de pensar que meu pedido de ajuda no espelho do banheiro foi recebido por Deus assim: "Ok, Mandy, usarei você como um vaso. Faça a sua parte, e Eu faço a minha." Porque, não muito depois de me abrir para uma existência mais espiritual e de servidão, meu marido, Oliver, apareceu. Tudo ficava mais bonito quando ele estava por perto. Ele aceitou todas as partes de mim, era muito bondoso e se tornou meu melhor amigo imediatamente. Ele dizia: "Eu amo o arco-íris que é a Mandy." Foi só ao lado de Oliver, minha alma gêmea, que fui capaz de me tornar a pessoa que sou hoje.

Senti um puxão instintivo na direção de Oliver, como se eu o conhecesse em um nível mais profundo da alma. Ele me pareceu familiar de um jeito que fazia com que eu me sentisse segura e acolhida. Oliver, que também é um curandeiro energético naturalmente dotado, estava discretamente praticando suas habilidades com sua família e seus amigos naquela época. Uma noite, ele fez uma sessão de cura comigo. Eu me lembro de sentir uma conexão cósmica com esse novo amigo maravilhoso. Nós falamos sobre o universo e sobre nosso propósito neste planeta. Ele preencheu um vazio espiritual, e eu apreciei aquilo.

Poucos dias depois, Oliver disse que tinha comprado um presente que estava me esperando em uma pequena loja na cidade. Era um livro sobre o tipo de canalização que ele achou que eu estava fazendo todo esse tempo e tinha um lindo pôr do sol na capa. Enquanto dirigia para casa depois de pegá-lo, fiquei maravilhada ao olhar pela janela de meu carro e ver que o pôr do sol combinava exatamente com o que estava na capa do livro. Assim, descobri que o universo estava intervindo em nossas vidas de um jeito especial.

Uma Busca Autêntica

Juntos, Oliver e eu nos mudamos para Sedona. Essa cidade é conhecida como um centro espiritual, então não foi surpresa alguma que, com a minha dedicação, meus dons espirituais se amplificaram ali em uma velocidade impressionante. Quase todo dia, canalizava informações que eu sentia que o mundo precisava ouvir e então me sentia na obrigação de criar um vídeo ou entrar em contato com um amigo que estivesse precisando — qualquer coisa que estivesse alinhada com minha alma.

Eu começava cada dia (e ainda começo!) com uma simples pergunta para o universo: *Do que o mundo necessita hoje que eu possa dar de imediato e com facilidade?* Quando recebia uma resposta, eu tomava uma atitude a respeito e me sentia pronta para receber qualquer coisa boa que estava por vir, sem culpa ou hesitação.

Eu continuava regenerando as relações com minha família e outros traumas ao usar ferramentas que estive reunindo por meio da meditação e de meu diploma em Psicologia — focando principalmente as técnicas de manifestação, a compaixão, a clareza, entender as dinâmicas dos relacionamentos e a disposição para me concentrar no agora. Observei o que eu dizia a mim mesma, identifiquei minhas crenças e percebi que, se eu fosse capaz de me livrar das que eram ruinosas, eu seria capaz de revê-las e, por fim, ser livre. Não foi fácil. Frequentemente precisei ter conversas difíceis, impor alguns limites, tirar pessoas de meu mundo e me aprofundar em meus próprios problemas, na minha vergonha e na minha culpa. Porém, eu havia prometido para com Deus cumprir meu dever, então me retrair ou voltar para crenças e pensamentos ultrapassados não era mais uma opção.

Senti uma efusão de empatia radical, compaixão e perdão ao mesmo tempo, porque agora eu percebia que poderíamos ser formados pelas nossas experiências, mas não tínhamos que ser definidos por elas. Meu passado, com toda a dor e mágoa, no final das contas, me levou a reconhecer os princípios fundamentais de meus programas atuais: que nossas crenças, nossos pensamentos e sentimentos do passado impactam nossa vibração pessoal e energética, que está relacionada à qualidade de vida que manifestamos para nós mesmos. Então, eu analisei meus sentimentos, trabalhei na energia que os sustentava e criei técnicas que me ajudaram a controlar meus gatilhos com a energia que servia ao bem maior de todos. Pratiquei o amor-próprio e ajustei o significado de ter a energia intencional certa a respeito de um objetivo e dar passos proativos, guiados pelo divino, na direção do que você quer. Fazer todo esse trabalho foi o que me permitiu trazer meus objetivos para a realidade e criar uma base emocional ideal para a manifestação.

Transformei meus traumas em oportunidades para meu crescimento. Minha mãe e eu, certa época, tínhamos uma relação complicada, porque ela estava tão ocupada tentando lidar com seus traumas do passado, que eu, quando era pequena, mal vivenciei o verdadeiro eu dela. Passei a apreciar o quanto ela sacrificou e o quanto trabalhou arduamente para manter nossa família nos trilhos — mais do que eu jamais poderia imaginar. Nós agora temos uma amizade honesta, voltada para o crescimento, na qual ambas nos sentimos intensamente amadas. Nós somos melhores amigas, e eu a considero a mulher mais forte que conheço. E um pouco antes de meu pai morrer de um derrame, em 2020, pude ajudá-lo a se curar de alguns de seus padrões prejudiciais envolvendo amor e dinheiro, e nossas conversas me ajudaram a processar melhor nosso passado. Também comecei a ver quais amizades precisavam ser encerradas e quais padrões geracionais precisavam ser quebrados; me disseram que este último ajudou muitos de meus parentes a se curarem também. E, quando as coisas pareciam especialmente difíceis, eu lembrava a mim mesma de que não estava fazendo aquilo apenas por mim. Eu havia prometido para a humanidade que expressaria minha alma para que outros pudessem fazer o mesmo.

Foi em Sedona que comecei a canalizar os programas que Oliver me encorajou a compartilhar com o mundo e realizei meu primeiro workshop. Meus oito segredos eram com frequência embutidos nesses eventos, mas nunca eram chamados assim. Oliver continuou a desenvolver suas habilidades de cura e começou a ativar os dons espirituais de outras pessoas — seja como médiuns, videntes, curandeiros ou qualquer coisa assim. Quanto mais nos aprofundávamos em nosso desenvolvimento espiritual, mais começávamos a construir e buscar nosso propósito. Por meio desse processo orgânico e intuitivo, eu obtive rapidamente uma quantidade de sucesso incrível. Permiti que meus dons se revelassem da maneira que o universo desejava. Todos os programas que vinham de minha canalização ou que me ocorreram enquanto estava expressando amor incondicional foram grandes sucessos, e cada empreitada vinha de um lugar bem real de amor e autenticidade.

Assim, minha empresa, meu propósito e meu "bebê" — a Authentic Living — nasceu.

Construí meu negócio com o objetivo de ajudar os outros, e levei a tarefa a sério. Depois de anos me afundando completamente em tudo que não era, eu agora sabia exatamente quem era. Comecei a contar quase que totalmente com a orientação divina ao criar novos programas. Eu perguntava a Deus: *De que tipo de programa o mundo precisa?* E então afunilava os detalhes até que as coisas que eu intuía se tornassem assuntos tangíveis e ensináveis. Por isso, se Deus me dissesse que o mundo precisava de mais amor, eu explorava esse conceito amplo até transformá-lo em ferramentas instrutivas que encorajavam o crescimento.

Para o Alto e Avante!

Saindo do Arizona, viajamos e absorvemos tudo o que a vida tinha para oferecer para nós. A Authentic Living cresceu em conjunto com meu crescimento espiritual, logo, naturalmente, o sucesso dela triplicava ou quadruplicava todo ano, porque a energia estava interligada. Nossa próxima parada foi na Escandinávia, onde fiz pesquisas e ajudei na cura de doenças psicossomáticas juntamente com alguns dos melhores cientistas, médicos e enfermeiros psiquiátricos do mundo. Esse foi um período bem esclarecedor em minha vida. Em um ambiente clínico, aprendi sobre e ajudei a remediar traumas profundamente enraizados que criavam problemas de saúde aparentemente impossíveis de se curar — de alergias persistentes a problemas cardíacos, problemas no fígado, síndrome de Tourette e condições neurológicas complicadas. Eu ajudei até a mim mesma enquanto tinha acesso a grandes mentes e tecnologias médicas para me dar apoio. Eu tinha fadiga severa e sensibilidades alimentares na época, e, depois de usar um de nossos dispositivos de alta tecnologia para diagnosticar minha condição, descobri uma disfunção em meu fígado resultante de muitos anos de raiva suprimida. E mesmo sendo uma pessoa que comia vegetais, que raramente bebia, que se exercitava regularmente e que até então era uma adulta saudável, meu fígado não foi capaz de suportar as décadas de ataques psicossomáticos de meu passado. Sem saber, eu acredito que tinha acumulado outros problemas de saúde, já que outros órgãos começariam a compensar a falência e a ficar sobrecarregados. Depois de praticar a maioria das técnicas que você aprenderá neste livro, de fazer terapia de base tecnológica, além de remover o glúten e o leite de vaca de minha dieta, eu me recuperei totalmente.

Uma vez que meu projeto acabou, Oliver e eu nos mudamos para Dallas por dois anos, e então fomos para Laguna Beach, na Califórnia, onde nos casamos e demos à luz nosso filho, meu anjinho Zion. Ele foi um acréscimo mágico em nossa família, na qual já havia meu enteado, nascido de meu coração, Braydon, fruto do casamento anterior de Oliver. Em Laguna, o universo começou a criar conexões incríveis e aleatórias com amigos que nos indicavam para seus colegas, e logo estávamos frequentando eventos e festas de gala. Eles pediam para Oliver fazer uma sessão de cura e então nos mandavam para outras pessoas por recomendações boca a boca.

Meu negócio continuou a crescer rapidamente, e eu estava extraindo informações divinas em uma velocidade alucinante. Expandi meus cursos online, programas de certificação e eventos, e Oliver se tornou mais conhecido por suas habilidades de cura. Cada vez que eu lançava um workshop, todas as vagas eram preenchidas rapidamente. Nosso programa de certificação se tornou o ganha-pão de nosso negócio, onde as pessoas se tornavam certificadas como um "Praticante do Amor e da Autenticidade", o que essencialmente era se tornar um *life coach*. Nós aumentamos ainda mais nosso foco nas metodologias de instrução, enquanto meu marido fazia suas sessões de cura, ativava os dons espirituais de nossos clientes e certificava outros para serem curandeiros também.

Não demorou muito para que celebridades, psiquiatras, coaches, terapeutas, professores, médicos, enfermeiros e até mesmo líderes mundiais viessem nos procurar. Oliver e eu começamos a perceber que manifestar um ótimo negócio, abundância e empreendedorismo era um jogo energético para nós. Quando misturamos os oito segredos com um desejo genuíno de servir aos outros diariamente, nossas bênçãos eram ilimitadas. Nossa maior promessa um para com o outro quando nos conhecemos foi a de que nós cresceríamos — e crescemos, de fato.

Em 2019, achei que algo estava faltando em nosso mundo. Senti que estávamos sendo puxados para uma direção totalmente diferente, e tive que considerar aquilo. Comecei a me perguntar: *Qual é o próximo passo para nós?* Passei a ter visões de galinhas ciscando em uma extensão de terra e nossa amada e nobre comunidade dos Authentic Lifers socializando uns com os outros no mesmo ambiente. Dentro de uma semana, Oliver e eu entendemos o chamado: investir em um centro de retiro. Nós achamos nosso centro dos sonhos em Dolores, no Colorado, completo, com um alojamento principal de aproximadamente 696m², uma hospedaria e outro prédio com onze quartos e uma área de encontro. No total, a instalação abrigava aproximadamente sessenta pessoas. Construímos fontes adicionais, elaboramos labirintos, instalamos uma banheira de hidromassagem e criamos jardins zen. É lindo, e a energia sagrada combina com minhas expectativas e visões.

Hoje, tenho muito orgulho de dizer que a Authentic Living é uma empresa próspera que serve a milhões de pessoas. Impedimos clientes de cometerem suicídio, ajudamos pais a se curarem para que seus filhos não precisem fazer o mesmo, criamos coaches e curandeiros excepcionais, e muito mais. Uma das conquistas de que mais nos orgulhamos é o trabalho filantrópico que fazemos no país natal de Oliver, as Filipinas, servindo aos órfãos, aos idosos e às crianças com câncer; provendo ajuda humanitária; construindo cozinhas em escolas, entre outras coisas. Também oferecemos programas de bolsa de estudos e alimento, suprindo as necessidades da infância, dinheiro de aluguel e outras coisas essenciais para quem precisa. Também criamos programas de bolsas de estudos para a Authentic Living, oferecendo nossos serviços para aqueles que não têm como pagar.

Agora a grandiosidade de minha vida não tem limites. Eu fui de ter medo do desconhecido e de me sentir paralisada na escassez a renunciar ao controle e viver na fé divina. Fui de ter relacionamentos doentios a ser rodeada pelas pessoas mais generosas, amorosas e encorajadoras. Fui de uma existência frustrante a uma de paixão pura e épica. Atualmente vivo em um verdadeiro ambiente de oportunidade, propósito de vida e magia sincrônica. Confiei minha espiritualidade baseada no bem maior de todos. E quando as pessoas me perguntam como sou o que sou, falo que escolho crescer todos os dias, tento fazer isso ser o mais divertido possível e sigo qualquer coisa que minha intuição me fale. Eu me rendo às reviravoltas da vida e tenho uma relação de confiança profunda com Deus. Eu jogo o jogo da energia, o qual, em grande parte, significa manifestar tudo o que desejo. Posso alcançar em dois meses o que outras pessoas levam 25 anos porque tenho uma parceria com minha mente e com o universo.

No centro desta *sua* jornada, assim como foi comigo, está a descoberta de seu verdadeiro eu. Uma vez que você o encontra, não pode voltar atrás — e você não vai querer fazê-lo. É como ter um código de trapaça para a vida. No entanto, chegar lá não é uma tarefa fácil no começo, embora ela se torne instantânea à medida que você vai se aprofundando. A verdade é que nossos traumas, pensamentos e crenças têm um papel importante em nos tornar quem somos e criar o que manifestamos. A mesma coisa acontece com a ciência por trás da manifestação, a qual compartilharei neste livro, já que diz respeito ao impacto em sua neurologia (o que apresentarei cientificamente será o que minha orientação espiritual e o universo me dizem que está mais relacionado no modo como a manifestação e os oito segredos estão ligados). Acima de tudo, eu incentivo você a fazer o corajoso trabalho de mudar seu rumo, do jeito que mudei o meu, porque é quando suas manifestações conscientes ganham velocidade. Implementar essas práticas não é tão fácil como ganhar na loteria, mas não há prêmio maior do que se curar do que o está atrapalhando para que então a vida possa fluir o mais facilmente possível.

Se você quer projetar o que deseja criar nessa vida mais o que deseja ser para o mundo, eu quero que trabalhemos juntos para garantir que você chegue lá. Fui colocada neste planeta para servir à humanidade com a maior habilidade que consigo, e neste momento, servir a *você* é o que está em meu coração. Das melhores maneiras possíveis, eu prometo que sua vida nunca mais será a mesma. Então respire fundo e saiba que você é amado e apoiado, e agora vire a página para começar uma nova vida.

Dicas e Lições

🔓 Não tente escapar de seus problemas. A vida não é tão assustadora quando você para de fugir deles.

🔓 Quando você se rende a Deus e confia em um poder superior, seus próximos passos se desenrolam diante de você.

🔓 Pratique o amor-próprio enquanto dá passos proativos e guiados divinamente na direção de suas metas de manifestação.

🔓 Seu trauma e suas crenças têm um papel importante na constituição de quem você é e de criar o que quer.

🔓 Escolha crescer todo dia, faça disso algo divertido e siga o que sua intuição lhe diz.

🔓 No centro dessa jornada está a descoberta do seu verdadeiro eu.

🔓 Suas conquistas não têm limites quando sua mente tem uma parceria com o universo. Sonhe alto!

Capítulo 2

O *BÊ-Á-BÁ* DA MANIFESTAÇÃO

A manifestação é o processo de criar sua realidade, seja ela consciente ou inconsciente. Na melhor das hipóteses, gosto de pensar nela como uma forma de autodomínio. Uma manifestação bonita e sem esforço precisa da especulação sobre por que a vida está acontecendo da maneira que está, ela permite que você controle o resultado de várias situações e o coloca no comando de si mesmo e de seu futuro. Por meio da manifestação, suas maiores expectativas se tornam tangíveis, e tudo o que você sempre quis fica ao seu alcance. Você ganha a habilidade de fazer com que metas imediatas, sonhos de longa data e tudo mais se tornem realidade.

O conceito de manifestar uma vida significativa não é novidade, mas depois de anos de tentativa e erro, bem como uma orientação divina ilimitada, eu me concentrei precisamente no que faz essa prática funcionar da melhor forma possível — e tudo isso se resume às oito práticas poderosas que apresentarei na Parte II. Esses princípios incluem a criação de maneiras para se avaliar energeticamente, achar caminhos para buscar o amor-próprio, desemaranhar a energia densa e as relações negativas presentes em sua vida e abraçar a energia positiva e intencional em todas as coisas que você faz. Também é essencial controlar seus gatilhos psicológicos com quebras de padrão, verificar as regras que regem sua vida, ser corajoso o suficiente para reformulá-las e, finalmente, aprender a vislumbrar e incorporar seu eu do futuro. Constantemente me dizem que ninguém ensina manifestação como eu e que meus oito segredos são os elos perdidos do porquê de essa prática funcionar para alguns e para outros não.

Um dos grandes fatores que faz minhas práticas de manifestação serem únicas é que eu incentivo você a reconhecer e criar um estado emocional que trará felicidade, em vez de apenas ideias do que você acha que o fará feliz; dessa forma, você é capaz de manifestar com exatidão e satisfação genuína. Essa é uma das partes vitais para criar a magia da manifestação que vejo frequentemente na vida de meus clientes! Por exemplo, você pode pensar que quer uma mansão na colina ou que seu ex volte para você chorando, mas, ao analisar seus desejos, você pode descobrir que seu desejo, na verdade, é o estado emocional que essas coisas geram, não elas em si. No cerne dessas expectativas, é possível que exista uma necessidade de se sentir realizado ou amado incondicionalmente, e, se for o caso, há várias maneiras de uma pessoa conseguir isso além de ter uma casa chique ou voltar com o ex. Uma vez que você alcança esse sentimento, pode ser que perceba que o que realmente queria era inautêntico e que escolha mudar suas metas de manifestação. Por sua vez, isso transforma sua energia de um estado denso, inautêntico e de desespero em um estado radiante de autenticidade que está em alinhamento com sua alma. É a partir desse ponto que a manifestação rapidamente dá frutos, porque sua energia está no auge e suas intenções são puras. Em outras palavras, isso o coloca em um estado vibracional elevado e faz com que você opere com seu eu superior, que é a versão mais autêntica de você na Terra.

Ao acessar seu eu superior, você manifesta levando em conta o bem maior de todos, o que eleva suas intenções e até mesmo manipula o tempo para ajudar as manifestações a acontecerem mais rápido do que aconteceriam normalmente. Entendo que tudo isso pode parecer muita informação para digerir de uma vez, mas não se preocupe! No decorrer deste livro, segurarei sua mão durante as fases necessárias desse processo. Por fim, manifestar não é uma questão de conseguir o que você quer, mas também de se render ao grandioso *modus operandi* do universo para que isso se torne uma troca intuitiva e ofereça um distanciamento confortável do resultado desejado. Dessa maneira, você produzirá o que quer mais rapidamente quando estiver em um estado de paz e harmonia. Uma mentalidade assim permite estar no fluxo da existência, e nesse lugar de alta vibração, é quase impossível manifestar coisas que você não quer ou perder suas manifestações por causa de um subconsciente que está contaminado com programações passadas negativas (falaremos mais sobre isso adiante).

Por exemplo, acredito que manifestei a primeira mudança de minha família para Laguna Beach. Como minha energia estava calma e alinhada com a do universo, tudo o que tive que fazer foi escrever o desejo em meu diário, adicionar uma linha do tempo de quando eu queria que ele se realizasse e me entregar ao processo. E *voilà*! No período exato que pedi (e sem ideia nenhuma de como isso aconteceria), nós estávamos em nossa nova casa! Essa foi uma manifestação do tipo "faça um pedido e esqueça dele", e ela ocorreu com mínimo esforço porque eu sabia que fazer uma parceria com o universo sustentaria minha energia no nível em que as coisas boas naturalmente fluiriam até mim. Quando você dominar os oito segredos, eles se tornarão um estilo de vida para você também. Eles manterão você em um lugar de alta vibração que o ajuda a crescer e a permanecer conectado com Deus — o que é o mais importante.

Minha vida é uma manifestação ambulante. Eu manifestei o nascimento de meu filho Zion, a vinda de meu enteado Braydon para morar com a gente, a compra de nosso centro de retiro no Colorado, o trabalho com líderes mundiais, o ganho de grandes quantias de dinheiro quando a empresa precisou, a expansão de nosso negócio, as compras das casas onde nós moramos e até mesmo um contrato para escrever este livro com a editora que eu almejava! Quando faço minhas manifestações pessoais e ensino sobre o assunto, não me incomodo em fazer muitas afirmações ou visualizações intensas (não há nada de errado em fazer isso, apenas acho que não é eficaz para a maioria de meus clientes). Em vez disso, escrever em um diário funciona melhor. Se escrevo minha meta, ela se realiza. Uma vez me desenhei no presente, parecendo estar triste e confusa, e então me desenhei seis meses depois, com um cifrão na mão, vários corações ao meu redor e viajando de avião na primeira classe. Seis meses depois daquele *dia*, Oliver e eu viajamos de primeira classe para Dallas — e eu nem mesmo o conhecia quando escrevi aquela manifestação!

Quer testar? Você nem precisa de um diário para fazer esse teste! Só pegue uma folha de papel (até a parte de trás de um envelope serve) e faça dois desenhos: um de você agora e um segundo que inclua uma meta diversificada que gostaria de alcançar em seis meses. Por exemplo, eu me desenhei naquela época e depois fiz uma ilustração que representava anseios de dinheiro, amor, viagem e felicidade. Não precisa saber desenhar bem, eu mesma gosto de rabiscar bonecos de palitinho com giz de cera, lápis ou caneta. Quando terminar, coloque o desenho em uma gaveta especial ou em uma caixa dentro de seu armário e esqueça dele. Anote em seu calendário para, depois de seis meses, pegar a ilustração e verificar se algum aspecto de sua manifestação se tornou realidade. Desconfio que pelo menos uma parte do cenário que você criou terá se realizado!

Uma das histórias de manifestação mais legais que eu conheço, no entanto, foi criada pelo Oliver. Ele tinha uma fotografia, tirada de um banco de imagens, de um Rolls-Royce na frente de uma casa luxuosa e a usava como protetor de tela do computador para simbolizar a abundância que esperava alcançar um dia. Oliver sempre foi obcecado pelos carros da Rolls-Royce, então, anos mais tarde, quando finalmente tínhamos os recursos, comprei um para ele como um mimo especial. Naquele mesmo dia, nós nos mudamos para nossa segunda casa em Laguna. Você acredita que quando nós nos afastamos para olhar a casa, com o Rolls-Royce estacionado bem na frente, percebemos que inconscientemente tínhamos alugado *a casa* do banco de imagens?!

Veja, de forma alguma eu acho que luxo e dinheiro sejam as manifestações mais importantes, mas eu amo esse exemplo porque ele aponta como a questão material se manifestou. Creio que ter sucesso financeiro é apenas um subproduto da sustentação de uma alta frequência, e, contanto que Deus queira que eu o tenha e use-o para o bem maior de todos, eu continuarei ajudando outras pessoas a fazerem o mesmo. E, embora Oliver ame seu Rolls-Royce, vale a pena mencionar que *meu* carro favorito é o Chevrolet Suburban que uso para transportar água e feno da fazenda para nosso centro de retiro. No momento em que canalizei que estávamos destinados a fazer uma transição de nossa vida praiana na Califórnia para uma que exigiria que eu passasse meus dias limpando galinheiros e arrancando ervas daninhas, fiquei feliz em assumir esse papel — e já que era um desígnio do universo, eu soube que a mudança seria boa.

Manifestar é um exercício importante que serve para muitos propósitos. Ele garante que você fique no controle de seu mundo, que está aqui por uma razão e que é capaz de cocriar o que o completa. Ele mostra que você não é uma vítima das circunstâncias. Se esse fosse o caso, considerando meu passado, eu seria uma pessoa bem diferente; foi a manifestação que me deu uma nova oportunidade na vida. Manifestar também dá aos seus dias um ritmo agradável, constante e um senso de previsibilidade que o ajuda a se sentir centrado. Você raramente se sentirá sozinho, porque o processo aumenta sua consciência de que você é parte de um processo maior e universal, é um processo interativo que pede que você trabalhe com a energia que está em seu interior e ao seu redor. No quesito físico, acho que manifestar lhe concede uma mente mais clara, mais vitalidade e menos dores e sofrimento, porque você está constantemente liberando a energia reprimida que fica retida em seu corpo e em seu ambiente. Quando a manifestação eleva sua frequência, qualquer coisa que esteja naturalmente disponível para você naquela sintonia será incrível. Ao me entregar e entregar meu futuro para Deus naquele dia, de joelhos no meu pequeno apartamento, eu basicamente coloquei a mim mesma no mais elevado estado vibracional que era capaz, e então acolhi de bom grado tudo que veio a seguir. O resultado disso? Uma vida mais incrível do que eu poderia ter imaginado ou criado se apenas tivesse aderido às normas do mundo.

Nascemos como seres infinitos, logo, temos oportunidades ilimitadas que estão acessíveis para nós — quer dizer, se nós soubermos como acessá-las. Na Authentic Living, gosto de dizer que boa parte do nosso crescimento acontece porque nós jogamos o jogo da energia. Não participamos do jogo humano — uma rotina diária de nos matar ou de prejudicar os outros para termos sucesso. Nós manifestamos nossos objetivos, agimos em cima das oportunidades que nos inspiram e esperamos que Deus determine nossos próximos passos para que possamos estar à altura do desafio e executar o que precisa ser feito. Trabalhamos com aqueles que compartilham da mesma mentalidade, sem nenhum senso de competição entre nós. Para mim, uma vida perfeita é sentir a presença de Deus em tudo o que faço, e isso é uma vida de alta vibração. Os melhores manifestantes que eu conheço são aqueles que estão o mais perto possível de Deus. Os piores são aqueles que se consideram sozinhos e separados do universo.

Existem três componentes primordiais para minha filosofia pessoal de manifestação: o psicológico, o científico e o espiritual. Para ser um manifestante equilibrado e altamente eficiente, você precisa abraçar todos os três.

Desvendando o Passado

Primeiramente, vamos falar sobre os mecanismos psicológicos da manifestação, especialmente sobre suas programações passadas: as crenças, os pensamentos e traumas que influenciam sua habilidade de cocriar conscientemente. Esses fatores carregam o mesmo peso no modo como eles influenciam o processo de manifestação, mas o que mais atrapalha as pessoas depende de cada uma delas. Eles também influenciam a contramanifestação, que é o processo no qual você manifesta com um inconsciente conturbado. A contramanifestação naturalmente liberta o tipo de energia bloqueada que interfere na hora de seus sonhos mais positivos se tornarem realidade. Quando você tenta manifestar com uma energia bloqueada e que não está curada, sua energia permanece pesada e as boas manifestações raramente ocorrem, mas quando você lida com os mecanismos psicológicos da manifestação que o estão atrapalhando, isso eleva sua vibração e lhe dá acesso aos objetivos pelos quais você esteve ansiando receber das mãos gentis do universo.

Sua realidade é a personificação da programação de sua psique, e as programações de seu passado têm o poder de impedir que manifestações positivas fiquem em primeiro plano em sua mente. Uso bastante a expressão *programações passadas* como um termo abrangente, sob o qual todas suas crenças, seus pensamentos e traumas se misturam. As programações passadas também incluem influências sociais, religiosas, culturais e circunstanciais que aconteceram em sua vida. Elas são os valores, noções, preferências e perspectivas com as quais você foi criado e que moldaram sua visão de mundo desde criança até hoje. Dito isso, sua mente e a programação dela trabalham em conjunto com seu campo de energia e com o universo para produzir as manifestações, então, quando programações negativas são dominantes, seu campo se baseia, sobretudo, nelas. E, assim, seu passado assume o controle, e você acaba contramanifestando sua realidade, não importa quantas velas você acenda, quantas meditações faça nem quantos exercícios espirituais tente. Além disso, programações passadas geralmente ficam enterradas no fundo do seu inconsciente, então dá trabalho para entender e substituir as marcas que foram feitas.

Conforme você for trabalhando com os oito segredos e passando a compreender facilmente minhas técnicas de manifestação, começará a examinar suas crenças e seus pensamentos para que possa aprender a como manifestar de um espaço vibracional elevado. As crenças compõem sua identidade e estão na raiz de quem você é. Elas definem o que você acha que é verdade. E então os pensamentos se derivam daí. Por exemplo, uma crença pode ser achar que o amor não dura ou que o mundo é injusto, e a partir daí pode vir o pensamento de que um desconhecido está olhando para você de um jeito estranho ou que você nunca terá sucesso em seu trabalho. O que é legal é que seus pensamentos têm uma frequência, logo, se você mudá-los, poderá mudar sua energia. E quando você emite uma frequência mais alta e positiva para o universo, ele responde da mesma forma. Portanto, pensamentos mais leves criam frequências de pensamento e de energia que são compatíveis com o processo de manifestação, o que fará com que a cocriação em conjunto com o universo aconteça em um piscar de olhos. Entendeu?

Agora eu preciso ser clara sobre um ponto-chave acerca dos pensamentos. Assim como as crenças, você não pode *só* mudar seus pensamentos. Você tem que analisar por que pensa o que pensa e lidar com suas programações passadas até que possa colocar seus pensamentos sob uma nova luz. É isso que ajuda a pensar diferente e permite que um resultado positivo naturalmente venha a seguir. Ter a intenção de "ser mais positivo" e então dar seu melhor para isso não é o suficiente. Pensamentos positivos devem vir de um lugar honesto para elevar sua vibração a um nível que ressoa com a energia necessária para manifestar.

Você também tem que lidar com os traumas. Eles geralmente estão no cerne das crenças e pensamentos. São sua resposta a um evento profundamente desagradável que vence sua habilidade de superar, diminuem sua autoestima, causam desespero, fazem com que você se sinta perdido, o fazem perder o controle, podem fazer com que se sinta traído ou impotente e podem causar confusão e uma dor inacreditável. Felizmente você não tem que lembrar nem reviver o trauma para poder se curar dele como a maioria dos terapeutas podem sugerir; mas tem que encarar a crença que foi criada por causa do trauma, já que é isso o que você tem o poder e a habilidade de mudar *no presente*.

Quando um evento traumático deixa uma marca em sua memória, ele influencia a forma como você enxerga o mundo e o faz viver em um estado de impotência. A menos que tenha feito alguma coisa para impedir que isso acontecesse, você inconscientemente passou o resto de sua vida tentando evitar sentimentos, conversas ou eventos similares e que poderiam servir de gatilho para a memória original que agora influencia o modo como você interage com o mundo. Se, por exemplo, você foi estuprado, isso pode criar a crença de que a vida é insegura, o que cria um pensamento de que todo homem ou mulher quer abusar de você. O trauma inconscientemente dita suas decisões e sua realidade, e aqui está o golpe duplo: as crenças e os pensamentos que derivam do trauma *nem sempre são verdade*. Trabalhei com uma cliente que foi estuprada regularmente quando era criança, e toda vez que o marido dela a abraçava carinhosamente por trás, ela se assustava ou gritava. Quanto mais ele a pegava de surpresa assim, mais isso prejudicava o casamento deles, porque aquela ação levava a mulher de volta ao seu trauma original — dessa vez, junto com crenças e pensamentos falsos. Era uma resposta tão automática, que ela nem percebia que era um gatilho para o passado. O marido dela obviamente não fazia por mal e tinha as melhores intenções quando tentava abraçá-la. Contudo, você pode perceber como um trauma grande, doloroso e profundo pode se desenvolver, tornando-se uma bagunça difícil de controlar e que faz com que seja impossível manifestar qualquer coisa em um estado vibracional elevado quando você está à mercê de momentos angustiantes.

Você consegue pensar em uma ocasião em que teve uma reação exagerada durante um conflito com, vamos dizer, um parente ou colega de trabalho, que foi oriunda de uma experiência do passado? O que você disse a si mesmo durante aquele desentendimento? E você se sente da mesma forma sobre ele agora? Encontre um lugar tranquilo para pensar sobre essa situação, que programação alimentou o desentendimento, e imagine como seria se um final melhor tivesse acontecido. Você pode até mesmo escrever em seu diário sobre isso ou escrever uma carta para a pessoa — que você não precisa enviar — para simplesmente libertar a energia de seu campo mental e emocional.

Nós abordaremos exercícios mais específicos na Parte II deste livro, mas, enquanto estamos no tópico de programações passadas, eu gostaria de compartilhar agora um exercício excelente para lhe dar um gostinho e deixá-lo seguro quando encontrar uma crença, pensamento ou trauma restritivo. O que eu gostaria que você fizesse é que criasse uma afirmação abrangente sobre o tipo de vida que você quer e a escrevesse em um diário ou em uma nota adesiva, ou em qualquer outro lugar com o qual você possa regularmente estar em contato. Por exemplo, minha afirmação é: "Eu vivo uma vida de amor, integridade, crescimento e servidão aos outros." Minha cliente que mencionei agora poderia escrever uma assim: "Eu estou segura, intacta e sou completamente capaz de viver uma vida linda e repleta de amor." Então, quando estiver tomando várias decisões durante o dia, especialmente aquelas que têm certo peso, pergunte a si mesmo se essas escolhas, que está prestes a tomar, estão alinhadas com essa afirmação. Se não estão, que escolhas você pode fazer que o ajudem a voltar aos trilhos? Você pode estar bastante frustrado com um parente ou se sentir tentado a desistir de um projeto, mas, antes de fazer qualquer coisa, leve em consideração se seus pensamentos e suas ações estão alinhados com sua afirmação e que passos você precisa tomar para permanecer alicerçado naquele lugar de satisfação e estabilidade. Essa tática ajuda imediatamente a reajustar suas programações passadas e as frequências relacionadas a elas, amplificando a versão mais autêntica de você e de sua alma para que todo o mundo a veja e vivencie. Uma vez que você controlar o caos ao seu redor e em seu interior, suas programações passadas começam a parecer como se fossem de uma vida anterior — ou seja, estão bem longe de sua consciência.

Logo, se um problema aparecer, você será capaz de controlar qualquer levante de um jeito saudável e produtivo, diferente de como acontecia no passado. Em vez de abordar superficialmente um obstáculo que aparece, você removerá as camadas do porquê de você se comportar de determinado jeito, e eventualmente o obstáculo será curado pela raiz e cessará de existir. Ao decorrer deste livro, você aprenderá muito sobre si mesmo e como reagir a gatilhos do dia a dia. Quando você muda o jeito de reagir às coisas, as coisas às quais você reage mudam, e a energia que o ajuda a manifestar se altera para ficar preparada para trabalhar ao seu favor, pelo bem maior de todos.

Então, Onde Entra a Ciência?

O próximo ponto-chave que impulsiona a manifestação é o aspecto científico, que inclui principalmente física quântica e neurociência. Perceba, isso tudo pode ser bem impressionante, então, quando eu canalizei essa informação, minha orientação divina me mostrou que eu precisava manter as coisas simples, restritas e relacionáveis apenas com as técnicas que ensino. Eu me aprofundarei em mais reflexões no Capítulo 3; por enquanto abordaremos como os fatores científicos influenciam os estados mental e vibracional que despertam as manifestações.

Como havia mencionado, todas as coisas nesse mundo têm uma vibração ou uma frequência. E como todas as crenças, pensamentos, traumas e lembranças induzem uma vibração, qualquer um deles pode mantê-lo em um certo estado vibracional — seja ele elevado (positivo) ou baixo (negativo). Nosso mundo tangível é denso no quesito vibracional, e se a manifestação é sobre cocriar aqui, então faz sentido que, quando os átomos, que são os sólidos, líquidos, gases e plasma que compõem as "coisas" de nosso universo, se movem a uma taxa elevada, todas essas "coisas" se manifestam mais rápido. Em contrapartida, enfraquecer programações passadas tem uma baixa vibração, o que pode gerar uma energia pesada que se move mais devagar. Isso não apenas estimula a contramanifestação, mas também pode criar bloqueios prejudiciais para seu campo de energia. Esses bloqueios podem causar sérios danos. Como você sabe, eles desaceleram seus esforços de manifestar seus resultados positivos desejados. Contudo, eles também podem criar raízes em sua mente, em seu corpo e em seu campo de energia, o que pode gerar doenças ou reações negativas e atrasadas para situações, visto que eles se enraizaram em seu subconsciente (como quando seu chefe fica bravo por você chegar atrasado em uma reunião e você não tem a oportunidade de se explicar, mas depois você arruma uma briga com seu cônjuge desprevenido quando ele ou ela esquece de colocar os pratos na lava-louças). Um bloqueio negativo planta uma semente desagradável que cria pernas e faz aparecer todo o tipo de problema que você nem viu chegar.

Já que sentimentos derivam das crenças, dos pensamentos e de traumas — e também são energéticos —, gosto de contar com eles para me dizer quando minha energia está clara, brilhante e elevada ou vibrando em uma frequência mais baixa e densa. Afinal, sentimentos de baixa vibração criam bloqueios, e bloqueios são pesados. Se uma conta chega pelo correio, você pode escolher pagá-la e seguir em frente com uma energia neutra ou surtar e diminuir sua vibração. Visto que enlouquecer é terrível, é assim que você sabe que está vibrando em uma frequência baixa e potencialmente criando um bloqueio. Pare por um instante. Há algo em sua vida que está causando uma baixa vibração ou fazendo com que você se sinta pesado — talvez um e-mail de um colega de trabalho, um encontro que o está deixando nervoso ou uma conversa de família que o está deixando com receio? Neste exato momento, escolha seguir em frente com uma energia neutra para evitar a criação de um bloqueio. Assim que fizer isso, me diga: como você se sente?

Você também pode reconhecer um bloqueio quando uma situação deixa de beneficiá-lo. Talvez você esteja namorando uma pessoa nova e as coisas comecem a parecer estagnadas. Isso pode fazer com que se sinta confuso ou frustrado, o que diminuirá sua energia e possivelmente causará um bloqueio. Confie em mim, eu entendo e já passei por esses tipos de pânico, sei o quanto pode parecer racional em determinado momento usar como padrão uma resposta desproporcional. Porém, no instante em que você for em direção à neutralidade, você colherá uma recompensa emocional melhor — e caso se mantenha assim, equilibrará sua resposta para todos os tipos de situações que vierem depois disso ou que sejam similares. Mais adiante neste livro, exploraremos minuciosamente a hierarquia das emoções no que se refere à sua vibração, mas, por ora, saiba que é mais fácil fazer a transição de um estado desgastante para um neutro do que se esforçar para ser positivo. É um lugar mais realista e emocional para acessar dentro de si mesmo.

Portanto, nos próximos capítulos, mostrarei como usar seus sentimentos como uma deixa para ficar curioso, sem o julgamento sobre sentir-se de determinado jeito, para que você possa imediatamente começar a se sentir melhor e a elevar sua energia. Uma vez que você chega na raiz do problema, pode abordar se sua programação é verdadeira, se ela tem que ser verdadeira daqui para a frente e, se não, qual pode ser essa nova verdade.

Da perspectiva da neurociência, o subconsciente está sempre manifestando para você e tem o potencial de ficar no caminho do que espera alcançar. Contudo, se você consegue descobrir como ele está trabalhando contra seus melhores interesses e desfazer esse processo, pode reprogramar sua mente para que todos seus pensamentos estejam de acordo com a percepção de que sua meta é segura e é o que você realmente quer. Não é nenhum segredo que diferentes pensamentos desencadeiam diferentes reações cerebrais, mas isso acontece tão no automático, que nós nem mesmo sabemos que está ocorrendo. O cérebro está fazendo o que ele sempre foi programado para fazer e manifestar, geralmente, é fazer o cérebro parar de funcionar no piloto automático durante aqueles padrões neurológicos e reprogramar a si mesmo para novos caminhos baseados em sua habilidade de reformular pensamentos e sentimentos precondicionados. Assim que fizer isso, de repente se torna muito fácil manifestar, porque você não estará combatendo mentalmente ou energeticamente suas crenças limitantes. Você deve eliminar gatilhos e os problemas do passado que você automaticamente enfrenta em um estado natural de pânico e ansiedade, e então criar um novo caminho no cérebro para sua mente, e padrões energéticos para seguir. A partir daí, você mudará seu comportamento e seus pensamentos, e seus objetivos involuntariamente se realizarão. Aliás, isso tudo pode acontecer bem rápido. A ideia de que temos que ir à terapia por trinta anos para lidar com um trauma ou crença nem sempre é verdadeira. Quando eu trabalhei em uma clínica médica na Noruega, testemunhei minhas técnicas de manifestação ofuscarem a terapia. Hoje vejo isso acontecer o tempo todo durante os eventos que realizo.

Afinando Seu Subconsciente

Tenho uma arma psicológica secreta — um conceito que nomeei de "bobina subconsciente", que é o que cada um de nós ficamos dizendo a nós mesmos, o dia todo, geralmente se baseando nas nossas programações passadas. Eu o chamo de *bobina* porque isso fica tocando em loop na sua cabeça, de novo e de novo, até que você decida desligar. É daí que fazemos nossas manifestações mais eficazes, então, novamente, se os pensamentos de seu subconsciente não são puros ou não são de seu interesse, você acabará contramanifestando suas piores expectativas e medos. Você pode gastar uma hora de meditação por dia, recitar mantras ou escrever em um diário para gerar uma pequena quantidade de mudanças, se houver alguma, mas se você não purificou sua bobina subconsciente, provavelmente acabará sabotando seus desejos, porque um subconsciente obscuro terá se estabelecido em um nível profundo e ditará o rumo de sua vida.

Então vamos dizer que você quer manifestar um milhão de dólares, mas tem um trauma inconsciente ou uma crença falsa em torno da riqueza (talvez você tema perder as pessoas que ama pelo fato de ter dinheiro, como aconteceu com um parente). Não importa o quanto diga conscientemente que quer uma vida financeira sólida, você provavelmente não manifestará um centavo para si mesmo. Ou terá seu desejo concedido, mas gastará tudo de uma vez ou perderá o dinheiro de alguma outra maneira porque está emitindo a energia de seu subconsciente que está em oposição direta aos seus desejos conscientes.

Nos estágios iniciais da manifestação, a questão é trazer a bobina subconsciente para o nível de sua consciência para que ela possa ser trabalhada. Muitos de nós não sabem quais comportamentos estão nos atrapalhando ou, como eu tenho visto ao longo dos anos, que eles podem estar escondidos nos lugares mais estranhos. A boa notícia é que, se você toma conhecimento dessas bobinas subconscientes, isso dissipa a energia e solta os bloqueios, elevando assim a sua vibração. Lembre-se, sua bobina subconsciente é poderosa e pode emitir energia direta e de oposição para a bobina da sua consciência se as duas não estiverem alinhadas. Você tem que lidar com a energia que está emitindo, que deriva do que está acontecendo em seu interior. Quando esclarece os princípios que definem seu verdadeiro eu, você se alinha com sua verdadeira natureza. Uma vez que você está em harmonia com sua bobina subconsciente, a bobina consciente ajuda a criar manifestações milagrosas, já que a subconsciência não a está enviando para uma direção oposta. Em vez disso, ela está de acordo com uma consciência clara. Eu gosto de comparar sua consciência com as células do corpo. Quanto mais as células estão felizes, curadas e em harmonia com o corpo, mais saudável ele é. Da mesma forma que, quanto mais somos capazes de criar uma energia unificada, mais rápido conseguimos manifestar, e sem as repercussões como contramanifestação ou alcançar apenas parte do que queremos.

Juntas, as oito práticas o ajudarão a alinhar sua bobina subconsciente e consciente para estimular uma energia clara. O que trabalha contra isso são comportamentos como complacência, falta de vontade de crescer e medo de mudar, assim como pensamentos incapacitantes, crenças e ações e continuar escolhendo a mesma disfunção de novo e de novo. Você tem que abrir mão do controle de como quer levar a vida baseando-se nos ideais passados e ter fé no crescimento e na mudança.

Acredite ou não, muitos de nós nos agarramos às programações precárias de nosso passado. Embora seja geralmente inconsciente, isso serve à necessidade de proteção e convicção. É o mal conhecido, e quebrar esses padrões exige um esforço conjunto, mas o esforço vale a pena, porque é uma sensação fantástica quando eles se dissipam. Quando você se aprofunda em seu passado, entende a si mesmo e muda suas programações de bom grado... A sua energia automaticamente se altera, e as manifestações rapidamente assumem o controle.

O que Deus Tem a Ver com Isso?

O componente final para influenciar seu exercício de manifestação são diversos fatores espirituais. Eles são forças invisíveis que criam manifestações que parecem milagrosas, inesperadas ou como uma "bênção" Você não precisa ir para a igreja ou ter uma fé específica para se tornar um gênio da manifestação, mas precisa, sim, acreditar em um poder superior — quer você o denomine como Deus, Universo, Fonte ou qualquer coisa do tipo. Essa saída poderosa é a origem de toda energia e representa o bem maior de todos em questão.

Descobri que defender valores como a verdade, o amor, a autenticidade, o amor, a compreensão e o amor é essencial para manifestar coisas lindas (*amor,* como pode perceber, é o mais importante de todos!). Esses são valores de alta vibração que me foram mostrados durante inúmeras canalizações e que curarão todas as coisas, incluindo as piores programações passadas. Eles são ferramentas poderosas porque, quando você os usa, podem mudar sua configuração cerebral e alterar o processo de manifestação. Discernir o bem do mal, relacionados aos seus traumas e suas programações, também permite alinhar-se com as intenções grandiosas do universo para seu futuro. Agir sempre com o bem maior de todos em mente — ou seja, portar-se da maneira que mais se alinha com a energia de Deus — ajudará você também a se manter em tranquilidade com os valores e as vibrações mais elevados do universo.

Uma das mais importantes crenças espirituais que defendo é a de que Deus sempre está trabalhando por mim. Isso significa que qualquer coisa que apareça para mim vem me ensinar uma lição a respeito do bem maior. Acreditar na confiança e orientação de um poder superior me permite permanecer em um estado vibracional mais elevado e me ajuda a manifestar melhor sem fazer disso um objetivo egoísta ou criar resistência vinda da minha bobina subconsciente desagradável. Quando um episódio chato ocorre e parece que o céu vai desabar, o objetivo é sempre lidar com isso com um humor calmo e uma energia neutra, e acreditar que um poder superior o protege e o manterá nesse estado. Isso impede que você despenque no quesito vibracional. Na verdade, faremos um teste que prova isso. Nas próximas 24 horas, confie que Deus o apoia e que existe um propósito para tudo o que acontece. Para todas as coisas aparentemente "ruins" que acontecerem *com* você, quero que analise como isso pode estar acontecendo *para* você. Como você se sente quando esses eventos acontecem? E depois que eles passam? E quando esse seu experimento de um dia acaba? Aposto que fazer essa transição mental automaticamente ilumina sua vibração, já que você está confiando em um plano energético divino, em vez de entrar em um estado de medo ou em uma mentalidade vitimista. Isso também deve fazer você se sentir empoderado e abrir sua mente para novas possibilidades de seu futuro.

O mais importante de tudo, talvez, é se lembrar de que o amor de Deus não é apenas um amor incondicional ou uma alta vibração infinita; essa energia é uma de *criação instantânea*. Quando elevamos nossa vibração, tornamo-nos parte do Grande Todo. E quando chegamos perto da Unidade com Deus por meio de nossas programações e frequências, cocriamos o que queremos tão mais rapidamente porque nos tornamos um fractal de Deus, que é O criador supremo. Deus criou todas as coisas e pode continuar fazendo isso. Deus serve de lembrete de quem nós realmente somos em um nível de alma, e até mesmo neste plano humano.

Manter um relacionamento sólido e espiritual com Deus, portanto, é importante para sua parceria durante o processo de cocriação, mas também para acessar seu eu mais autêntico. Nossa autenticidade reflete quem devemos ser — quem Deus nos criou para ser. É quem nós somos no nível mais puro da alma. Reflete nossa essência sem nenhuma noção preconcebida ou programações passadas. É o mais perto que chegaremos da Unidade com o universo neste plano de existência. Eu me recordo de quando comecei a fazer vídeos espirituais em meu apartamento na Flórida para a minha página do Facebook; esse foi meu ponto de partida para descobrir quem realmente era e o que eu tinha para oferecer a este mundo. Lá, eu vivia sem nenhuma mobília, sem amigos e sem ninguém da família por perto. Eu dormia no chão, e minha mesa era uma caixa de papelão virada. Ainda assim, eu estava absurdamente feliz. Meu relacionamento com Deus também se transformou, o que ajudou a me sentir apoiada e nunca sozinha. Percebi, durante esse tempo, que Deus não estava fora de mim, mas que era parte de mim, e me senti mais unida com Deus do que era capaz de imaginar. Depois de limpar tantas influências externas da minha vida (como aquele ex-namorado abusivo), eu finalmente tive o espaço mental e espiritual para sentir intimamente o amor, a orientação e a presença de Deus. Por fim, o que Deus revelou para mim durante aquela época foi *eu* mesma, em toda a minha autenticidade brilhante.

A clareza que me ocorreu com esse despertar me levou a inúmeras descobertas. Canalizei, me curei e registrei em meu diário minhas primeiras futuras manifestações. Creio que todos nós sejamos parte de uma existência maior, e sendo parte desse todo sem limites, se tentarmos ser qualquer coisa que não seja verdadeira, parece que atrairemos apenas dores naturais. A vida não funciona dentro de um espaço de inautenticidade. No entanto, quando nos apoiamos na versão genuína de nós mesmos, a magia do universo assume o controle, porque agora nós estamos em fluxo com o jeito que Deus nos criou e com o jeito que tem orquestrado para o universo atuar. Se todo mundo neste planeta explorasse seu eu verdadeiro, acredito que o mundo rapidamente se curaria e se unificaria de maneiras que apenas podemos imaginar.

Acredito que a cocriação e, consequentemente, a manifestação são fundamentais para a trajetória de vida de todo mundo. O universo nos deu o privilégio de criar a vida que queremos aqui na Terra, e esse é um presente extraordinário. Lembre-se, como um fractal de Deus, nós experimentamos a cocriação com Deus no bem maior de todos ao praticarmos a manifestação. E quando nós fazemos isso com autenticidade e cuidado para com a humanidade, somos recompensados grandemente, e todo mundo no planeta se beneficia de algum jeito.

Dicas e Lições

- Quando for criar uma mentalidade de manifestação, foque o estado emocional que gostaria de ter, não as "coisas" materiais que acha que o farão feliz.

- Você está no controle de seu mundo, está aqui por uma razão e pode criar a vida que o completa.

- Manter um relacionamento com Deus é importante para o processo de cocriação.

- Curar-se de energias bloqueadas é obrigatório. Isso eleva sua vibração e o deixa acessar grandes objetivos.

- Programações passadas são feitas de crenças, pensamentos e traumas que têm moldado sua visão de mundo.

- Programações passadas criam vibrações altas e baixas e influenciam os resultados de sua manifestação.

🔓 Sua bobina subconsciente é o que você inconscientemente diz a si mesmo, o dia todo, baseado em suas programações passadas. Tomar consciência disso dissipa a energia, solta os bloqueios energéticos e eleva sua vibração. Assim que você estiver unido com sua bobina subconsciente, as manifestações acontecem.

Mais Recursos e Downloads Gratuitos[1]

Se você gostou deste capítulo, elaborei uma folha para download chamada *"17 Ways to Raise Your Vibration"* [17 Maneiras de Elevar Sua Vibração, em tradução livre], que revela jeitos simples, fáceis e previsíveis para elevar sua vibração pessoal para que você possa manifestar o que quer mais rápido.

Faça o download de graça no site www.authenticliving.com/gifts.

---

[1]   Todos os conteúdos bônus presentes no final dos capítulos estão disponibilizados em inglês. A Editora Alta Books não se responsabiliza tampouco gerencia o conteúdo adicional oferecido exclusivamente pela autora da obra.

Capítulo 3

A CIÊNCIA DA MANIFESTAÇÃO

Imagine que você esteja trabalhando pacificamente em seu laptop, na sua cafeteria preferida, tomando seu *latte* matutino e atualizando seus e-mails, quando um estranho se senta à mesa perto de você. Vocês não conversam ou reconhecem a presença um do outro, então essa pessoa certamente não fez nada que o alarme, mas, ainda assim, a mera existência dela o deixa com um sentimento estranho do qual não consegue se livrar. Você tenta ignorar a sensação, mas ela não vai embora, seu estômago fica inquieto, seu pescoço e ombros se tensionam, e tem alguma coisa naquela pessoa que não parece certa.

Você não está passando por um rompante de habilidade psíquica e nem isso é prova de que está perdendo a noção da realidade, é apenas a demonstração física do que ocorre quando a energia de uma pessoa interage com a sua, e, nesse caso, não é uma interação harmoniosa. O resultado é uma reação bem real e tangível. Cada um de nós tem a capacidade de sentir a energia em graus diferentes, seja ela positiva ou negativa, e isso pode acontecer quando estamos na presença de uma ou mais entidades viventes ou não viventes. Você pode facilmente se sentir alegre e empolgado, assim como pode se sentir apavorado ou repelido pelas ondas de energia ao seu redor. Pense em quão facilmente seu humor muda quando você está se sentindo para baixo, mas acaba trombando com um amigo feliz que faz com que você se alegre instantaneamente. Nós gostamos de dizer que a atitude alegre dessas pessoas nós "contagia", mas o que realmente acontece é que a energia delas influencia a nossa da melhor maneira.

Esses exemplos conhecidos demonstram que energia não é algo a parte de nós, mas também está no nosso interior; que constantemente estamos interagindo com a energia de algum modo, estado ou forma para nos ajudar a entender de maneira intuitiva as coisas ao nosso redor. Essa "sopa energética" na qual estamos todos boiando — e que geralmente não pode ser vista, mas é sentida com facilidade — gera tanto o nosso comportamento quanto a nossa realidade todo santo dia. Nossa habilidade de perceber e compreender o que sentimos quando nos deparamos com energia serve para nos ajudar a reconhecer rapidamente e sem esforço se estamos em situações que são boas ou ruins para nós e, como resultado, para aumentar ou diminuir nossas vibrações. Lembre-se, a fim de cocriar nossa realidade, nós precisamos existir em um estado vibracional mais elevado possível; Deus não quer que passemos tempo com outras pessoas ou em situações que nos esgotam emocionalmente ou que nos mantenham presos em um clima que torna difícil superar, alcançar e manifestar tudo o que nós desejamos. Cercar-nos de energias que são compatíveis com a nossa pode construir ou destruir relacionamentos, carreiras, as finanças, a saúde e outras prioridades importantes que determinam se nós prosperamos na Terra.

Sendo um ser energético, você reage tanto a objetos animados quanto a inanimados, assim como a inúmeras outras coisas, incluindo conversas, pensamentos, emoções, traumas, os órgãos dentro de seu corpo e até mesmo a doenças. Quando você morrer e não tiver mais um estado físico, sua presença energética continuará a existir no universo, considerando a primeira lei da termodinâmica, que diz que a energia não pode ser criada ou destruída. A energia é, no entanto, sempre conservada e pode ser convertida de uma forma para outra. Ao longo do tempo, sua energia sempre interagiu (misturou-se) com a energia em volta dela, em diferentes configurações, para ajudar a criar toda a existência. E ela sempre fará isso.

Neste capítulo, compartilharei as informações científicas que aprendi enquanto trabalhava com acadêmicos e médicos, estudava metafísica por conta própria e canalizava de fontes divinas durante a meditação — tudo, pois elas se relacionam com o suporte aos oito segredos na Parte II. Cheguei a muitas dessas informações quando estava na casa dos 20 anos, e então, anos mais tarde, quando fiz uma parceria com cientistas renomados em uma clínica de saúde na Noruega. Nesse contexto e no meio clínico, trabalhei ao lado de médicos, enfermeiros psiquiátricos, cientistas e pesquisadores para ajudar a curar problemas envolvendo o coração, o fígado, o sistema digestório, o sistema nervoso e o sistema imunológico das doenças psicossomáticas complicadas que os médicos tradicionais parecem não conseguir resolver por conta própria. Essa experiência me abriu os olhos, para dizer o mínimo.

E enquanto eu estava reunindo dados científicos por anos, minha mente e minha consciência raramente os soltavam de forma literal. Em vez disso, quando ensino esses conhecimentos fascinantes para clientes nos workshops, o universo frequentemente me leva a canalizar e casar as ideias de um jeito que talvez você nunca tenha ouvido. Não sou cientista nem doutora, mas o que apresento aqui é um pouco da ciência que o universo me diz que tem relação com o modo como a manifestação funciona quando você usa os oito segredos. Visto que muitos dos detalhes sobre energia, ligações cerebrais, psicologia e como eles impactam e mudam nossa vida podem ficar um pouco complicados quando extrapolamos ainda mais, compartilharei apenas o que é necessário para digerir minhas técnicas de manifestação, e então sugerirei que continuemos a praticá-las. Afinal de contas, você perceberá a magia quando sua vida se transformar na frente de seus próprios olhos!

Vamos Falar sobre Auras

Todos nós temos um campo áurico. Nele, circuitos biológicos carregam correntes elétricas por meio de um sistema de fiação complexo que habita seu corpo, ainda que essas correntes sejam geradas por muitas camadas fora dele. Em conjunto, isso cria um campo eletromagnético que cerca seu corpo físico e se estende por até 46 centímetros para fora, o que chamamos de aura.

Toda matéria irradia um campo áurico. Até objetos inanimados como pedras e maçãs têm campos áuricos, embora eles não se estendam tanto quanto os de organismos vivos. Acredita-se que existem sete faixas no seu campo áurico que conectam seu corpo físico ao seu corpo espiritual, no qual todas as suas experiências, memórias e emoções são mantidas. Seu campo áurico também está conectado com seu sistema de chacras, o qual tem sido comparado a um sistema nervoso espiritual que passa ao longo de sua coluna. A tradução da palavra *chakra* é "roda" ou "disco", na língua sânscrita, e se refere aos centros energéticos em seu corpo. Cada uma dessas rodas ou discos de energia giratória corresponde a certos conjuntos de nervos e órgãos vitais. Quando seus chacras estão abertos e balanceados, a energia passa por eles, e seu corpo, sua mente e seu espírito ficam em harmonia. Imagine que elas são, em seu auge, como rodas giratórias de energia positiva e de fluxo livre. No corpo, seus chacras começam na base de sua coluna e se estendem até o alto de sua cabeça. De cima para baixo, seus chacras são: chacra coronário, chacra frontal ou terceiro olho, chacra laríngeo, chacra cardíaco, chacra plexo solar, chacra sacro e o chacra básico.

Seu campo áurico sempre está mudando baseado em sua saúde e bem-estar, assim como na energia com a qual você constantemente entra em contato. Você sempre está processando dados informações na sua mente, e eu gosto de pensar em nosso campo de energia recebendo informações semelhantes. Seu campo afeta seu corpo físico, emocional e espiritual e influencia se você irradia uma vibração maior, mais forte, mais produtiva e mais elevada ou vibrações e aura mínimas, tênues e fracas. Quanto mais forte for sua aura, menos afetado você é pela baixa energia daqueles ao seu redor. Com os chacras equilibrados e com uma aura limpa e brilhante, você tem a habilidade de levar paz e calma para outras pessoas com apenas sua presença. Eu comparo ter um campo e chacras saudáveis a ter células saudáveis no corpo. Se suas células estão sadias, elas são capazes de se comunicar de maneira apropriada e, portanto, impactam positivamente seu corpo. E se uma pessoa é sadia energeticamente, ela não apenas pode impactar sua própria energia e seu corpo físico, mas os dos outros também. Isso é muito importante, porque, se podemos influenciar a energia um dos outros ao manter nossas vibrações fortes e elevadas, então nós sempre estaremos rodeados de seres humanos cuja energia coletiva pode ajudar a sustentar as nossas. Aqueles que trabalham para mudar suas vibrações e fortalecerem sua aura sempre fazem grande diferença no mundo.

Há uma chance de você ter tentado deliberadamente influenciar o campo de energia de outra pessoa — como quando você tenta animar um amigo ranzinza —, mas nunca ter percebido que está fazendo isso. Só para fazer um experimento divertido, escolha uma pessoa que esteja de mau humor ou triste e tente mudar a aura dela com a sua. Dedique vinte minutos para esse processo de três passos. Primeiro, enquanto vocês estão juntos, avalie como você acha que essa pessoa se sente. Então, considere como você se sente e perceba a diferença entre as duas energias. Por fim, envie amor para essa pessoa, seja com palavras gentis ou ao visualizá-la envolta em uma bolha no formato de um coração cor-de-rosa ou dourado. O tempo todo sua disposição deve ser acolhedora, amorosa e alicerçada. Não intensifique o humor da outra pessoa; tente neutralizá-lo ou melhorá-lo. Se tudo ocorrer de acordo com o plano, suas vibrações mútuas e elevadas apoiarão uma à outra da melhor maneira.

Entrada e Saída de Informações

Gosto de pensar no campo áurico como se fosse um sistema de filtragem e comunicação de seu corpo. Quando seu campo áurico encontra outra fonte de energia pela primeira vez, ele precisa decidir o que fazer. E uma vez que as duas energias entram em contato entre si, a energia recebida não permanece aquela em seu campo. Isso é similar ao que acontece quando você atira uma pedra em um lago tranquilo; o impacto faz com que a água crie uma ondulação. Agora imagine que alguém do outro lado do lago jogue uma pedra que crie uma segunda ondulação. Quando as duas ondulações se encontram, eles mudam de movimento e assumem uma forma diferente, certo? Isso é similar ao que acontece quando suas ondas de energia encontram frequências de uma fonte exterior. Essas vibrações afetam a sua e criam um novo tipo de frequência mesclada. Essa nova frequência, então, entra em um processo que me lembra uma filtragem e determina se essa energia unificada o deixa para baixo ou eleva sua vibração. Se a onda atenua sua energia, pode ser que você se sinta mentalmente disperso ou estressado, e pode até mesmo começar a criar um bloqueio, como falamos no Capítulo 2. Por outro lado, seu filtro também pode acolher ou elevar a energia que ele recebe, o que é um processo chamado "transmutação". É mais fácil uma onda positiva levantar seu ânimo e combater qualquer energia negativa do que uma energia negativa destruir uma vibração alta existente, porque a energia positiva é muito forte. Assim como um pequeno ponto de luz é capaz de iluminar um cômodo tomado pela escuridão, o mesmo acontece com o seu campo brilhante e poderoso.

Seu objetivo definitivo não é alcançar um estado no qual você passa o dia inteiro evitando energias negativas para que possa manter sua vibração elevada; isso significaria que você teria que reduzir sua vida a uma bolha, cercada apenas por pessoas e situações alegres, o que não é realista. Você também não pode minimizar as frequências energéticas que você encontra, a menos que você queira se isolar. Em vez disso, sua finalidade é aprender como controlar sua frequência em um estado elevado, independentemente de com quem ou com o que esteja interagindo. Você quer que seu campo de energia seja resiliente ao estresse para poder viver no mundo real, em um estado vibracional tão elevado, que a maioria das coisas não consegue atingi-lo. Para ser honesta, quando você está em um estado elevado, é raro que esses estados mais baixos possam coexistir com você de qualquer forma; eles tendem a ser repelidos. Você acaba acidentalmente reduzindo seus meios profissional e social, a menos que as pessoas que estão neles escolham melhorar com você. Quando isso acontece, isso me remete a como você pode usar uma bateria carregada para alimentar uma sem carga, porque a que está carregada dá um empurrãozinho.

Quando eu estava aprendendo a sustentar minha alta vibração durante os primeiros dias de canalização e de prática dos oito segredos, eu tinha uma amiga de infância próxima que conseguia derrubar meu humor apenas com a voz. Eu entrava em pânico toda vez que ela ligava, porque me sentia obrigada a conversar com ela devido a uma necessidade minha, que ainda não tinha sido tratada, de agradar as pessoas. Ela constantemente falava sobre tudo que estava dando errado na vida dela, e nós geralmente finalizávamos a ligação com um silêncio constrangedor ou com uma verdadeira briga se eu lhe oferecesse uma perspectiva diferente. No entanto, minha amiga e eu tínhamos uma história juntas, e eu a amava. Eu também sabia que via apenas uma versão dela, e ela se acostumou com uma versão minha que também já havia sido negativa, então, às vezes, sem perceber, eu refletia seu baixo-astral para que ficássemos conectadas. Eu sabia que isso não era saudável e queria descobrir um jeito de mantê-la por perto sem contagiarmos uma à outra de uma forma ruim. Também queria remover os comportamentos de baixa vibração de minha vida, para que pudesse mostrar que ela também poderia ter uma vida mais feliz.

Decidi trabalhar no que eu conseguia controlar — aumentar minhas vibrações e, em especial, focar os exercícios que você aprenderá no Capítulo 5, quando desembaraçaremos sua energia densa. No período de três meses, adquiri uma nova perspectiva para nosso relacionamento. Parecia que eu estava usando um par de óculos novos quando nós estávamos juntas, porque comecei a ver as coisas de uma maneira muito diferente! Tive compaixão, paciência, limites — e minha vibração mais alta me ajudou a padronizar naturalmente os espaços mentais positivos que me auxiliavam a lidar com o baixo-astral de minha amiga. Não mergulhei na negatividade dela nem me senti impactada por ela. Tive empatia e vi que ela precisava de amor, não de julgamentos. O filtro de minha aura agora pegava o que minha amiga lançava para mim e separava aquilo da minha energia, para que não me prejudicasse. Foi como se eu tivesse instalado uma barreira entre nós. Eu via o comportamento dela do jeito que ele realmente era, mas com uma certa distância e de um jeito que não me afetava mais. Isso permitiu que construíssemos uma relação nova e mais autêntica, e não precisei abandoná-la para me sentir em paz.

Ao mesmo tempo que o sistema de filtragem da sua aura é poderoso, o sistema de comunicação dela é igualmente complexo, pois seu campo energético usa seu corpo como uma antena para receber dados e então enviá-los para seu cérebro, que os decifra. Visto que as antenas podem receber ou enviar informações, você então manda frequências de volta para o mundo, como discutimos. Seu campo áurico e sua antena permitem que sua energia interaja de maneira harmônica e desarmônica com a energia dos outros. Nosso cérebro sempre está recebendo diferentes frequências e energias — da família, dos amigos, de pessoas que passam por nós na rua, da comida que comemos, dos eletrônicos da nossa casa, das plantas, e assim por diante — que mudam tanto a nossa vibração pessoal como a coletiva. Inúmeras frequências estão por todo lugar, nosso cérebro armazena e processa muita informação a cada dia. Por exemplo, durante nosso tempo livre, cada um de nós pode processar 34 gigabytes ou 100 mil palavras por dia! Pense em como essas palavras criam seus pensamentos, que carregam ondas de energia, e em como seu corpo tem que fazer algo com essas vibrações

— seja acessá-las, armazená-las ou se livrar delas. É muito trabalho, e um bem colaborativo, ainda por cima!

Embora seu campo áurico tenha muitas frequências diferentes, ele tem uma frequência dominante que se desenvolve ao longo dos anos. Para simplificar, essa é a porcentagem de tempo em que você está predominantemente positivo ou negativo com uma quantidade relativa de consistência, e isso é geralmente baseado em suas programações (antes de você aprender ou aplicar os oito segredos deste livro, claro!). Sua energia está, na maior parte, baseada em sua abundância de pensamentos, então o que está acontecendo na sua mente é o que determina sua frequência dominante. Quando sua frequência é alta e está em alinhamento com o universo, manifestações instantâneas podem acontecer. Você tem a capacidade de processar informações, está em um estado de clareza e está em fluxo com o universo para que as coisas boas aconteçam. Se você está em um estado de alta vibração dominante, isso também impactará positivamente os outros e então voltará para você, como um bumerangue.

Ficou curioso sobre sua própria frequência dominante? Vamos tentar fazer uma atividade para descobrir. Em uma folha de papel, escreva as principais categorias de sua vida que são mais importantes para você. Por exemplo: família, amigos, amor, dinheiro, abundância, carreira, relacionamento consigo próprio e realização plena. Agora leve em consideração se você está satisfeito com cada uma delas e responda com "sim", "não" ou "talvez" ao lado de cada categoria. Lembre-se, a questão aqui não é você ter sucesso nessas áreas, mas sim o que você sente em relação a elas. O número de respostas positivas ou negativas indica o quanto sua frequência dominante pode estar alta ou baixa. Não importa como seu ranking esteja agora, eu prometo que sua frequência dominante será mais alta à medida que você vai melhorando suas práticas até o final do livro.

Criar uma frequência dominante positiva é uma das razões por que é tão importante examinar suas programações passadas e pensamentos relacionados a elas antes de se aprofundar nos oito segredos. É perfeitamente normal experimentar uma variedade de emoções durante seu dia, mas se você sentir um impulso negativo se aproximar, irá simplesmente enquadrá-lo como um feedback energético, em vez de atribuir um significado desanimador a ele. A energia está sempre oscilando dentro e ao seu redor, então o que você está sentindo é apenas algo do momento e uma onda de energia que o atinge, mas que você pode simplesmente flutuar por ela como uma nuvem, em vez de ligá-la aos seus pensamentos e amplificá-los. Essa mentalidade cria uma distância mental que o ajuda a processar o gatilho, entendê-lo e superá-lo rapidamente.

Então, como seu campo áurico afeta a vida emocional e tangível que você quer manifestar? Já que todas as coisas são energia, seu campo impacta os átomos e as partículas ao seu redor. Assim como vários estudos de física quântica demonstraram, os átomos se movem de determinadas maneiras, baseadas na intenção. Muitas canalizações e experiências privadas também mostraram que, se o observador espera que as partículas façam alguma coisa, elas farão, baseadas nas suposições e energias que o observador transmite. É isso que decide o comportamento das partículas. Não é fascinante? O que mais esperamos que aconteça ocorrerá por causa de nossas expectativas que são impulsionadas pela energia do pensamento. Esse é um processo tão automático, que é difícil reconhecê-lo em nosso comportamento, porque não nos damos conta do quão rápido a energia pode viajar de nossa mente. Contudo, todos nós estamos conectados, e essas partículas atômicas estão reagindo à forma de energia mais alta, que é o observador. Elas se movem e vibram da maneira que se espera delas. Se você consegue manter um estado vibracional elevado e ter intenções fortes para o bem de todos quando você manifesta o futuro, isso ajuda os desejos a se concretizarem. Os pensamentos se tornam coisas, de maneira muito rápida e fácil, porque seus pensamentos e seu campo estão alinhados.

Treine Seu Cérebro para Manifestar

Como mencionei antes, nosso cérebro é ativado e se conecta em relação à energia dentro de nós e ao nosso redor para criar nosso comportamento e nossa realidade. Nosso cérebro também funciona, de acordo com nossas programações passadas, de um jeito que permite que nossas vias neurológicas consistentes enviem informações por eletricidade. Se você tem um pensamento ou uma experiência, eles criam frequências de ondas, e, ao mesmo tempo, de uma perspectiva psicológica, esses pensamentos e experiências o ajudarão a dizer a si mesmo o que eles significam. O significado que você dá para esses pensamentos, na maioria dos casos, se baseia nas vias neurológicas conectadas previamente, que foram esculpidas ao longo dos anos de condicionamento para pensar da mesma maneira e, geralmente, por causa de um gatilho. Então, quando um certo estímulo é apresentado para sua mente e para seu campo áurico, seu cérebro funciona energética e mentalmente da mesma maneira de novo e de novo.

Os exercícios que você aprenderá neste livro interromperão esse funcionamento repetitivo e substituirão pensamentos antigos por novos, o que ajudará a criar novas vias neurológicas no cérebro. Seus novos pensamentos carregarão uma alta vibração para que, quando estiver pronto para manifestar, você não seja atrapalhado por programações passadas ou pela baixa energia que vem com elas. Não apenas isso, mas também suas reações naturais a pessoas, a eventos e até mesmo aos seus próprios pensamentos momentâneos entrarão em um padrão de um estado mais habilitado, que ajudará você a manter sua alta vibração. Essa frequência energética aprimorada é reconhecida imediatamente pelo universo, e ele quer corresponder a ela, o que ajudará seus desejos a se manifestarem de uma maneira mais rápida. Eu vi esse fenômeno ocorrer inúmeras vezes, mas nunca me canso de ouvir uma cliente exclamar que, depois de treinar o cérebro para apresentar menos ansiedade, medo e crenças incapacitantes, ela é capaz de manifestar seus objetivos e sentimentos ideais em uma velocidade alucinante. Quase posso ver a nova eletricidade zumbindo ao redor, em padrões novos e intrincados, dentro da cabeça dela!

Visto que o cérebro é responsável por tantas transmissões de mensagens, você pode entender por que resolver e então substituir suas programações passadas e as frequências relacionadas a elas é tão essencial. Se você emite pensamentos positivos ou negativos, sejam eles conscientes ou inconscientes, é isso o que receberá de volta e será reforçado em sua fiação neurológica (essa premissa funciona de maneira similar ao que alguns se referem como lei da atração, mas eu gosto de visualizar de uma perspectiva mais clínica). Sua habilidade de reprogramar seu cérebro se enquadra no que a abrange a neuroplasticidade, ou plasticidade cerebral, que é a habilidade das redes neurais do cérebro de mudar por meio do crescimento, do aprendizado, das experiências e da reorganização. Essas modificações podem variar desde vias neurais individuais formando novas conexões até mudanças mais sistemáticas, como o remapeamento cortical. Na verdade, o conceito natural conhecido como poda neural remove as conexões no cérebro que não são mais necessárias e fortalece aquelas que são frequentemente usadas. Então, se você constrói um novo hábito, digamos que por meio de um ou mais dos oito segredos, você construirá uma nova via para apoiá-lo, o que se torna mais gratificante com o passar do tempo. Eu conto bastante com a poda neural e neuroplasticidade quando ensino a manifestação.

Se uma cliente, por exemplo, me diz que se sente indigna de amor, então trabalhamos para romper a via neurológica que não está funcionando para ela, e fazemos isso de maneira tão intensa, que ela cria novas vias que estabelecem uma base para vibrações mais altas, uma produção energética melhor e manifestações positivas. Anos atrás, em um evento, uma mulher anunciou para o grupo que não se achava boa o suficiente para buscar seu propósito, que achava que era ajudar os outros, porque tinha uma filha que estava lutando contra um acontecimento trágico do passado. A filha havia sido molestada, e essa mãe sentia que deveria, de alguma maneira, ter protegido a filha. Como resultado, ela se autoflagelava.

Chegamos à raiz do problema da mãe, que era uma crença que não era verdade — a de que ela precisava punir a si mesma. Eu chamava de "moeda de troca", porque era como ela pagava pelo que achava que havia feito de errado. Por trás de todas as nossas crenças negativas está uma moeda de troca que nós distribuímos; alguns podem pagar por não terem abundância ou ao desenvolver problemas de saúde. Essa mulher pagava com autodepreciação. Dentro de algumas horas e depois de uma série de exercícios, essa mãe percebeu que estava tudo bem se ela se sentisse triste de tempos em tempos, mas não poderia continuar pagando pelo que fez a ponto de isso impedir que servisse aos outros. Ela decidiu que precisava deixar de se sentir indigna e de ter dificuldade para dizer que tinha que ajudar os outros *justamente* por causa do sofrimento da filha dela. Ela reformulou sua perspectiva e criou um sistema de prestação de contas que incluía ajuda mútua e exercícios diários para reforçar as novas vias neurais que ela formou naquele dia. Alguns meses depois, ela foi certificada como uma Praticante do Amor e da Autenticidade pela nossa empresa e está fazendo o trabalho que ela sente que sua alma foi criada para fazer — sem culpa, apenas amor e belas intenções. Sua nova mentalidade também lhe permitiu ser mais atenciosa com a filha, porque ela a escuta e a apoia baseando-se no amor, em vez de na culpa.

Se os pensamentos se tornam coisas, então os pensamentos *certos* criam caminhos que funcionam de maneira saudável, e esses se tornam seu padrão natural quando uma situação o tira dos eixos. Esses caminhos novos e aprimorados emitem vibrações altas e positivas que nós, então, transmitimos para o mundo. É a diferença entre emitir uma baixa vibração formada por um cérebro que foi programado para pensar *Como isso pode dar errado e qual é o meu problema?* e mudá-la para que torne uma que foi reprogramada no cérebro para pensar automaticamente: *O que pode dar certo e como eu posso melhorar?*

O crescimento e a plasticidade cerebral podem alcançar seu auge quando você se cerca visualmente de comportamentos que são positivos. Isso porque os neurônios-espelho do cérebro são ativados quando você realiza uma tarefa e quando observa alguém realizando uma tarefa. No entanto, esses neurônios-espelho são ativados apenas quando você observa uma ação que pode executar (por exemplo, eles não se ativam se você está olhando um pássaro voando). Esses neurônios também se iluminam quando você imagina uma ação que pode fazer, mas não está fazendo no momento. Os neurônios-espelho contribuem para o porquê de você às vezes ser capaz de sentir o que os outros sentem, como se, assistindo a um filme e um ator é esfaqueado, você talvez se encolha enquanto ele está sendo empalado, como se pudesse sentir a dor dele. Durante o resto do dia, perceba com que frequência você reage como se estivesse fazendo alguma atividade, embora esteja apenas observando alguém fazê-la — talvez seu estômago vá se revirar quando uma criança pular de um trampolim ou sua boca salive quando um amigo der uma mordida em uma maçã suculenta. Já que o cérebro não é uma rede inflexível de neurônios e está sempre tentando achar jeitos melhores de gerenciar e entregar informações ao criar ou remover conexões neurais, o ato de assistir aos outros se comportando do jeito que você quer diz para seus neurônios-espelho que você está agindo daquele jeito também, o que pode criar ou reforçar novas vias neurais. Isso encorajará ainda mais o cérebro a eliminar antigos feedbacks negativos e estabelecer novas conexões.

Minha mãe sempre me dizia: "Se você é a pessoa mais inteligente da sala, então você está na sala errada." E ela estava certíssima! Em outras palavras — e especialmente para seus propósitos de manifestação —, certifique-se de estar cercado por aqueles com quem você possa aprender alguma coisa e se espelhar para que seu cérebro possa se programar de maneira similar aos deles. Se nosso cérebro está programado para buscar soluções, positividade, inspiração e amor, então nós nos mostramos ao mundo dessa forma. Vibramos em uma frequência maior, e nosso corpo, que age como uma antena elétrica, emite frequências que o universo é capaz de responder. Quando vibramos alto, somos capazes de manifestar mais rápido e com os objetivos alinhados com o nosso eu mais elevado e verdadeiro.

Só Experimentando para Saber

Quando trabalhei em clínicas médicas por toda a Escandinávia, estudei a raiz psicossomática de muitas doenças e ajudei vários pacientes a melhorarem usando vários exercícios e práticas, alguns das quais incluí neste livro. Porém, mais do que tudo, assistir aos pacientes sofrerem tão drasticamente do que eram doenças enraizadas em pensamentos e experiências negativas — e então ajudando-os a se recuperar com práticas energéticas que não eram à base de remédios ou outras técnicas médicas tradicionais — construiu e reforçou muitas de minhas teorias sobre a manifestação. Ao estudar doenças que se manifestavam quando os estados emocionais se expressavam no corpo, percebi que a energia do pensamento poderia dizer para o coração criar uma desarmonia nas células do fígado de um paciente — se você e eu pudéssemos fazer algo tão manipulativo com uma matéria tão densa quanto nosso corpo, então deveríamos ser capazes de afetar outras realidades que ainda não aconteceram, como nosso emprego ou nosso propósito. *Boom*! Essa metáfora escancarou meu entendimento de quão poderoso o cérebro é e de como ele está programado para se comportar quando temos pensamentos e vibrações menos que ideais. Ele podem reimaginar um corpo perfeitamente saudável ou alimentar a criação de doenças que podem ter uma raiz fisiológica como uma infecção ou uma peculiaridade genética, mas tornar essa condição uma enfermidade mais generalizada e prejudicial.

Uma das histórias mais fascinantes de que me lembro é sobre uma dupla de irmãos gêmeos com quem trabalhei na clínica da Noruega. Juntos, eles chegavam com várias alergias e reações inexplicáveis aos seus ambientes (por sinal, 90% das alergias que estudamos acabaram sendo psicossomáticas). Embora houvesse muita sobreposição nas várias condições dos gêmeos, um dos homens tinha uma alergia grave a abelhas que o levou a entrar em choque anafilático quando foi picado, enquanto o outro não tinha alergia a abelhas. Depois de trabalhar com os dois pacientes, descobrimos que, quando os irmãos tinham 4 anos e um dia brincavam juntos na floresta, eles encontraram uma colmeia, pisaram nela e foram cercados pelos insetos. Um dos meninos correu de volta para casa e foi consolado pela mãe. Ele se sentiu seguro e se recuperou bem das picadas. O outro menino correu mais para dentro da floresta, se perdeu, foi encontrado sozinho horas depois e sofreu um grande trauma por causa desse acontecimento... Acontece que a criança que se sentiu segura em casa não se tornou alérgica a abelhas ao crescer, mas aquela que se sentiu com medo e sozinha na floresta passou a ter a alergia severa.

Então, trabalhei com o homem alérgico para ajudá-lo a entender que o sentimento de falta de segurança era a raiz de sua doença/alergia psicossomática, e desmantelamos as crenças reforçadas que ele dizia a si mesmo a respeito desse incidente. Eu também o ajudei a reconhecer como a segurança era um termo que estava aparecendo em sua vida como um adulto, e a partir dali, ajudei a dessensibilizá-lo por meio de uma série de conversas e de um aparelho terapêutico que costumávamos chamar de editor, que essencialmente combinava terapia de biorressonância (que mede a frequência dos comprimentos de onda da energia vinda do corpo) e biofeedback (que usa vários tipos de feedback para ganhar controle sobre funções corporais involuntárias, como fluxo sanguíneo, pressão arterial e ritmo cardíaco). O resultado foi milagroso. Em poucas sessões, descobri que a alergia desse homem estava bastante dessensibilizada.

O que é interessante para mim sobre meus estudos é que, com cada paciente, não houve nenhuma causa e reação consistente — em outras palavras, problemas com a mãe nem sempre geravam problemas cardíacos. Isso porque nossas vias neurológicas são bem intrincadas e específicas para nossas programações individuais. Ainda assim, fui capaz de agir quando os pacientes reprogramavam a mente para parar de dizer para o corpo machucar a si mesmo; eu os ajudei a desfazer suas programações, pensamentos e, assim, mudei seus caminhos neurológicos para emitirem impulsos elétricos, em um campo áurico aprimorado, que preparavam o terreno para manifestar uma boa saúde e uma vida mais feliz em um geral. A maioria de nós não sabe quais de nossos pensamentos causam desarmonia, muito menos como mudá-los sem nenhuma orientação. São geralmente respostas automáticas que estão tão bem programadas, que é necessário de um esforço conjunto para mudá-las. Esse é o porquê de os melhores manifestantes terem os oito segredos impregnados em sua mente e em seu campo áurico. Quanto mais esses princípios se tornam parte de quem você é e de como você passa seus dias, mais fácil fica de trazer à vida seus desejos mais profundos e saudáveis.

Dicas e Lições

- A energia está em toda parte. Você interage constantemente com ela para "ler" seu ambiente de forma intuitiva.

- A energia ao seu redor e a forma como você a processa afetam seu corpo físico, emocional e espiritual e influenciam o tipo de aura que você irradia.

- Cerque-se de pessoas que tenham a energia que você gostaria de ter. Elas também o ajudarão a sustentar sua própria vibração.

- Embora seu campo áurico tenha muitas frequências diferentes, ele tem uma frequência dominante que se desenvolve ao longo dos anos. Isso é baseado no quanto você é dominantemente positivo ou negativo.

- Você precisa que seu campo de energia seja resiliente ao estresse para que possa viver no mundo real, mas em um estado vibracional tão elevado que a maioria das coisas não possa abalá-lo.

🔓 Seu cérebro se ativa e se conecta em relação à energia dentro de você e ao seu redor. Os oito segredos interrompem a ativação negativa e substituem velhos pensamentos por novos; isso cria novos caminhos no cérebro.

🔓 Quando seu cérebro está preparado para buscar soluções, positividade, inspiração e amor, você se mostra ao mundo como tal. Você vibra em uma frequência mais alta, e seu corpo funciona como uma antena elétrica que envia frequências às quais o universo pode responder positivamente. Quando você vibra alto, é capaz de manifestar mais rápido e em alinhamento com seu eu mais autêntico.

Mais Recursos e Downloads Gratuitos[1]

Se você gostou deste capítulo, eu criei um PDF para download chamado *"The ULTIMATE Guide to Your Chakras and Aura"* [O Guia DEFINITIVO para Seus Chacras e Sua Aura, em tradução livre], que revela os diferentes tipos de chacras (inclusive os que estão ocultos), como saber se eles estão bloqueados e o que você pode fazer neste momento para desbloqueá-los.

Faça o download de graça no site www.authenticliving.com/gifts.

---

[1] Todos os conteúdos bônus presentes no final dos capítulos estão disponibilizados em inglês. A Editora Alta Books não se responsabiliza tampouco gerencia o conteúdo adicional oferecido exclusivamente pela autora da obra.

Parte II

OS
8 SEGREDOS
DE
MANIFESTANTES
PODEROSOS

Capítulo 4

CRIE REGISTROS ENERGÉTICOS

O primeiro exercício de manifestantes poderosos é composto, na verdade, por dois passos: 1) tomar ciência de seus estados emocionais e energéticos para que você possa 2) começar a elevar sua vibração para um nível mais positivo. E você faz tudo isso ao fazer registros energéticos em intervalos regulares durante o dia. Perceba, você não resolverá todas suas programações passadas nesse exercício para que sua energia acelere instantaneamente para a maior vibração possível, mas começará a reconhecer como seus pensamentos e sentimentos dominantes fazem com que você tenha as experiências que tem. (A beleza dos oito segredos é que cada um soma-se ao anterior, embora você também vá se beneficiar de cada um individualmente. A partir daí, graças ao trabalho que faremos juntos nos capítulos futuros, você será capaz de vascular claramente seus pensamentos e sentimentos influentes e estabelecer uma base que é ideal para manifestar com facilidade e precisão.)

Registros energéticos são tão cruciais porque eles o ensinam a ficar bem ciente das crenças que fornecem informações para seus pensamentos, os quais impactam sua vibração e sua habilidade de manifestar. Embora você vá, a princípio, fazer um esforço conjunto para realizar esse registro algumas vezes por dia, os registros logo se tornarão um hábito; pela minha experiência, os registros podem levar de duas semanas a três meses para se tornarem instintivos. Em sua forma mais simples, esse primeiro segredo importante o ajuda a se tornar realmente consciente de seus altos e baixos emocionais durante o dia para que você possa se elevar a estados mais altos de centralidade e com mais consistência, que é a essência para manifestar o melhor da vida.

Quando você registra com frequência como está se sentindo, também é capaz de impactar suas emoções a qualquer momento e, portanto, regular sua energia correspondente a qualquer momento. Lembre-se, quando seu corpo e seu campo de energia recebem uma frequência energética, eles a transformam em um pensamento que gera certas emoções. Uma vez que seu cérebro processe essa informação, ele emite novos sinais, que fazem com que uma frequência energética seja diretamente emitida por você. Isso provoca uma resposta em seu ambiente e em seus campos vibracionais. Frequências energéticas são como ondas que se erguem e se quebram o dia todo, todos os dias, e quando elas o fazem, nosso cérebro põe um monte de energia nos sentimentos correspondentes — e são esses sentimentos que determinam sua frequência dominante e consistente, que preparam o terreno para manifestar desejos conscientes e inconscientes. Não é de se admirar que manifestantes poderosos tenham consciência do próprio estado emocional o tempo todo, pois eles sabem que têm a habilidade de criar um campo de energia dominante que pode produzir o que eles querem, de maneira mais fácil e mais rápida.

Os meios mais simples e consistentes de garantir registros regulares é planejar essas doses de autorreflexão e se comprometer a abordar quaisquer sentimentos e tópicos que esses registros tragam para o primeiro plano de sua mente. Uma vez que você sabe o que está acontecendo em seu íntimo, estará preparado para lidar com os fatores que o atrapalham e para trabalhar para removê-los. Em outras palavras, o que você está fazendo aqui é trazer a bobina subconsciente para o nível consciente para que possa remover os pontos críticos e bloqueios; em pouco tempo isso ficará tão fácil quanto respirar, e será extremamente benéfico também. Neste capítulo, ensinarei para você como verificar a si mesmo, sugerirei questões e exercícios para reconhecer o que está acontecendo e o encorajarei a continuar com esse método até que os registros sejam seu novo normal. Com a prática, seu cérebro e seu campo energético começarão a se alinhar com o seu eu superior e com a generosidade do universo. Você desenvolverá uma hiperconsciência sobre seu modo de vida ou como viver conscientemente. Quando você estiver confortável fazendo os registros, prosseguirá para o próximo segredo, com o qual aprenderá o trabalho profundo de desembaraçar a energia densa e programações que descobrirá durante os registros.

Bip-Bip-Bip! Hora do Registro!

Programe um alarme em seu celular, na Alexa ou em um ponto central na sua casa para disparar três vezes ao dia: logo de manhã, quando você acordar, por volta do meio-dia e à noite, antes de ir para a cama. Quando soar o alarme, você fará para si mesmo uma série de seis perguntas simples que listarei na próxima página. Você continuará a fazer registros diários por quinze dias e então passará registros de hora em hora em um intervalo de oito horas pelos quinze dias seguintes. Depois disso, acredito que os registros se tornarão instintivos e não será preciso programar um alarme. Você fará essa verificação de si mesmo assim que os sentimentos emergirem.

À medida que você passa pelas perguntas do registro, a energia por trás dessa prática deve ser uma de curiosidade sadia e, então, de cons-cientização, não uma energia obsessiva ou de conflito interno. Seu objetivo é abraçar esse processo como um que se presta ao crescimento e ao aperfeiçoamento, o que é empolgante e divertido! Esses tipos de pensamentos ajudarão a provocar um sentimento positivo e um clima leve, em vez de um neurótico ou excessivamente metódico. Se em algum momento você se sentir ansioso ou estressado durante os registros, pode tentar fazer um ou mais exercícios de aterramento. Mantenha-os em mente, pois quando você é novo nisso, pode se sentir sufocado ao começar a entrar em contato com as crenças que o definem, não importa o quanto você tente vê-las pelas lentes de um observador imparcial e curioso. Os melhores exercícios de aterramento interrompem e elevam seus pensamentos e suas emoções. Eles podem agir como quebras de padrões, para que você possa usá-los com esse propósito também.

Eu tinha uma cliente que encontrava alívio imediato durante exercícios de aterramento que consistiam em fazer polichinelos enquanto gritava "Eu sou uma estrela!" Isso a fazia rir, o que ajudava a quebrar a tensão que ela sentia inicialmente ao fazer seus registros. Outros exercícios de aterramento incluem fazer uma rápida oração ou respirar fundo algumas vezes com a mão sobre o coração. Outra opção de aterramento é visualizar alguém que você admira (eu visualizava a Oprah Winfrey) batendo palmas na frente de seu rosto, como quem diz "Hoje não, criança! Saia dessa!" Meu exercício favorito, no entanto, é transformar meus pensamentos em desenhos animados. Lembrar de uma conversa frustrante com minha mãe não é tão desagradável quando ela está vestida como uma princesa da Disney.

As Seis Grandes Perguntas

Estas são as seis grandes perguntas de verificação para você fazer a si mesmo toda vez que o alarme disparar na hora de fazer o registro. Você não precisa memorizá-las, mas é bom anotá-las em uma nota autoadesiva ou em um diário para que elas estejam acessíveis. Devido à repetição deste exercício, você irá memorizá-las em pouco tempo.

1. Como eu me sinto neste momento? Avalie seu estado emocional em uma escala de 1 a 10.

2. Por que eu estou me sentindo desse jeito?

3. Estou revivendo o passado?

4. Estou preocupado com o futuro?

5. O que eu acho que vai acontecer?

6. Esse sentimento é mesmo meu?

Agora exploraremos essas perguntas individualmente para que você entenda como abordar cada uma delas e qual papel elas desempenharão em suas maiores metas de manifestação. Você pode desejar registrar suas respostas em um diário para acompanhar suas mudanças e melhoras. Porém, não é uma necessidade. Você pode preferir manter apenas um relatório mental, e está tudo bem também.

Você Pode Perguntar a Si Mesmo...

Pergunta nº 1: **Como eu me sinto neste momento?**

A primeira e mais importante pergunta que você pode fazer a si mesmo é *Como eu me sinto neste momento?* Quando você a fizer, preste atenção em sua resposta imediata, que pode estar em qualquer ponto do espectro positivo ao negativo. Sua mente e seu corpo respondem com uma sensação física, com uma emocional, com uma reação energética? Ou com uma combinação entre elas? Sensações físicas se apresentam no corpo, digamos, um frio na barriga, músculos soltos ou tensos, uma dor de cabeça, dor de barriga ou até mesmo um tique. Reações emocionais derivam da mente e podem incluir felicidade, tolices, vergonha e depressão. Essas são bem fáceis de identificar, já que estamos acostumados a senti-las o tempo todo.

Depois, temos as sensações energéticas, que são mais difíceis de detectar, especialmente durante seus primeiros registros. É preciso prática para reconhecer como você está interagindo com a energia ao seu redor. Para mim, sensações energéticas positivas criam uma sensação elétrica e energizada em volta de meu corpo físico, junto com uma leveza no ar ao meu redor; sensações mais negativas são pesadas e encorpadas, quase como uma névoa densa. Pode ser mais útil notar, em um primeiro instante, como a energia em seu ambiente está interagindo com seu campo ao reconhecer algo anormal que está ocorrendo em seu meio. Você saberá que isso está acontecendo porque, assim que fizer uma pergunta para seu cérebro, ele tentará responder mental ou ambientalmente, enquanto o universo trabalha em harmonia, enviando para você "sinais" que refletem as respostas para aquelas perguntas. Por exemplo, você pode perguntar a si mesmo como está se sentindo e, se a sensação for negativa, pode depois derrubar o seu chá, bater um dedo do pé, descobrir que um contrato foi suspenso ou, como aconteceu comigo, ser atingida na cabeça por um cristal de ametista que caiu aleatoriamente do alto de uma estante! Se ela for positiva, você pode notar um número crescente de situações e relacionamentos entrando nos eixos. Quanto mais você viver em um estado vibracional elevado, mais esses sinais acontecerão. O processo de criar sinais começa com Deus, mas, visto que você cocria com Deus, eles em algum momento se manifestarão por causa de como a energia de Deus se mescla com a sua.

É importante ficar atento a todos os tipos de sentimentos, porque energias negativas e positivas nos impactam de maneiras bem diferentes. Eu creio que quando energias negativas nos atingem, elas começam com marcas energéticas, depois se manifestam no corpo emocional, e, se você não lidar com essas emoções, elas se manifestarão em seu corpo físico por meio de uma enfermidade. Essa é uma das razões pelas quais você deve ficar à frente desses sentimentos e gerenciá-los antes que eles causem problemas que exijam mais esforço para resolvê-los do que apenas fazer uma verificação de si mesmo durante o dia. O bom é que, quando seus sentimentos são positivos, eles também têm a habilidade de construir e amplificar, dependendo de quanta energia você deposita neles. Então, se você acorda se sentindo animado ou fica otimista após o almoço, pare o que estiver fazendo e preste atenção na sensação que aquele estado emocional causa em sua mente, seu corpo e até mesmo em seu campo energético, se puder. No fim, você achará maneiras de igualar e até ultrapassar essas sensações, o que indica que está no fluxo de uma frequência elevada.

Já que emoções não apenas motivam o que pensamos e fazemos consciente e inconscientemente, mas também influenciam nossas vibrações que fazem a manifestação acontecer, eu gostaria que você começasse a vê-las apenas como um feedback objetivo. É isto: elas são apenas sua resposta a uma situação que não é nem positiva nem negativa e são um pouco mais do que dados neste momento. Então, se você se sentir ansioso ou mal-humorado, não torne isso uma catástrofe; e se você sentir uma emoção boa, não pense demais sobre isso também. Você retornará para esse feedback durante as perguntas subsequentes do registro e mais adiante no livro.

Agora que você tem consciência do que sente, pense se essas emoções são agudas ou crônicas. Levar isso em consideração é essencial porque prepara sua mente para avaliar a causa principal da emoção. Também é útil saber que é mais fácil lidar com sentimentos agudos enquanto eles ainda estão no começo do que os sentimentos crônicos, mas se você não lhes dá atenção, eles podem se misturar com outros sentimentos e energias bloqueadas e se tornar uma bagunça complicada e contínua. Então, se você notar de imediato que seus sentimentos são sustentados por uma briga que você teve com seu pai na noite anterior, é seguro dizer que esse é um sentimento agudo. No entanto, se o que você sente parece familiar, e talvez seja o mesmo jeito que você tem acordado todos os dias nesta semana ou neste mês, então isso pode ser provocado por uma situação crônica que precisa ser tratada.

Por fim, avalie como você se sente em uma escala de 1 a 10. Se você está registrando seu progresso em um diário, pode querer comparar o seu ranking de agora com o do passado. Isso o ajudará a acompanhar seu progresso e reconhecer em tempo real como seu panorama emocional muda e melhora, e como essas melhoras podem levar a uma vida que magicamente fará sentido.

Pergunta n° 2: Por que eu estou me sentindo desse jeito?

Agora que você se conectou com seus sentimentos, exploraremos a qual situação (ou a quais situações) esses sentimentos estão atrelados. Essa pergunta dá a deixa para que a bobina subconsciente comece a passar para a consciência a fim de que possamos começar a examinar as crenças limitantes que estão criando os pensamentos que atrapalham as altas vibrações e interferem nas manifestações positivas. Por exemplo, se seu subconsciente está enraizado no medo, assim como estão as crenças limitantes e os pensamentos subsequentes da maioria das pessoas, então a manifestação consciente será impossível nesse estado pesado. Então, quando você acordar com um nó no estômago e perceber que o motivo é estar chateado com um término recente, isso trará aquela história para o nível consciente, a fim de que você possa tomar as medidas para dissolver as preocupações relacionadas a ela até que não sejam mais um problema.

Por outro lado, se seus sentimentos estão atrelados a uma situação positiva, isso é uma coisa boa! Aqui você está vibrando em uma frequência positiva, e, novamente, seu trabalho é se familiarizar com essa sensação e então reconhecê-la quando estiver em situações similares, para que possa sustentar ou até mesmo elevar essa sensação/frequência quantas vezes for possível. Por exemplo, se você notar o quanto fica satisfeito e feliz depois de uma caminhada ou quando está brincando com seu netinho fofo, então você não apenas deve fazer isso mais vezes, como também essa é a frequência que você deve buscar igualar em outras atividades e companhias. Quanto mais você recria a frequência característica dessas atividades, mais sua energia se mantém nessa vibração e atrai outras oportunidades que combinem com essa energia intencional. Antes que perceba, você e essa alta vibração se tornarão uma só coisa.

A resposta para o porquê de você se sentir desse jeito pode ser óbvia ou mais complicada. Você pode ficar feliz com algo simples como uma conversa que teve com um ente querido ou com um programa engraçado a que assistiu na TV. Ou, se você se sente mal, pode estar preocupado com dinheiro, com seus filhos, com seu trabalho, com seu casamento ou com tudo isso de uma vez só. Quando a maioria das pessoas faz o registro e descobre que tem sentimentos negativos, elas geralmente não sabem por que estão aborrecidas, e precisam explorar isso conscientemente. Ao longo dos anos, aprendi que, se você não sabe de imediato por que está mal-humorado, isso pode significar que seu cérebro não quer encarar a resposta (se alguém me diz "Não sei por que estou chateado", isso me mostra que há uma questão enterrada esperando para ser erradicada). Sua psique já pensa que não existe uma solução para um problema escondido ou que, ao achar uma, isso trará muita dor ou muitas emoções desconfortáveis. Você pode também inconscientemente se preocupar por ter que reviver o trauma para poder se curar. Em poucas palavras, sua psique sempre fará um esforço para proteger você, mas a verdade é que se esconder de seus traumas não passa de sabotagem.

A boa notícia é que você não precisa cavar tão fundo nem por muito tempo para reconhecer quais crenças comprometem seus pensamentos e, então, obstruem sua habilidade de manifestar positivamente. Você não tem que gastar anos na terapia ou constantemente vasculhar os pormenores de seu trauma. Você só precisa chegar à crença que foi criada pela situação em questão, que é o que faremos no próximo capítulo. Por ter estado em relacionamentos abusivos, eu alimentei a crença de que sempre seria usada por outras pessoas e que os homens não eram muito legais. Minha realidade então começou a se mostrar assim porque eu estava vivendo e morrendo por aquela crença. E se eu fosse cutucar obsessivamente aquele trauma até que ele se tornasse minha identidade, eu teria me mantido em um estado vibracional baixo. É sempre importante examinar os pensamentos que alimentam as crenças em torno de seu trauma para poder desfazê-los. Contudo, a energia por trás desse intuito deve permanecer reflexiva, clara e equilibrada. Para curar apropriadamente as crenças que impactarão suas manifestações, você precisará tirar camadas suficientes que ajudem a lidar com as programações passadas que limitam sua bobina subconsciente e determinar se suas crenças são mesmo verdadeiras (alerta de spoiler: elas raramente são).

Pergunta n° 3: Estou revivendo o passado?

Assim que você identificar a situação que está causando seus sentimentos, note se ela aconteceu no passado — e se o jeito como você se sente o está mantendo preso lá. Frequentemente nós permitimos que o que aconteceu dias, meses ou anos atrás controle o que sentimos no presente, mas essa não é a realidade. Quando você vive no passado, ou está tentando recriá-lo ou fugindo para longe dele, o mais rápido que puder. Isso pode acontecer com questões profundas, como quando você tenta reviver um romance antigo depois que ele já acabou ou evitar um trauma ao se esquivar de situações que parecem semelhantes àquela que causou dor. Isso também pode acontecer com eventos diários triviais. Eu nunca me esquecerei de que, quando estava na faculdade, fiz uma grande apresentação para minha turma de administração — e, digamos, não foi meu melhor trabalho. Fiquei muito ansiosa antes da palestra, aterrorizada enquanto ela acontecia, e me arrastei de volta para meu lugar como se eu não tivesse falado nada com nada durante vinte minutos. Embora eu tenha me saído bem o suficiente para garantir uma boa nota, essa experiência arruinou minha vontade de falar em público por um bom tempo. Por muitos anos, já adulta, eu me esquivei de grandes eventos em que seria destaque, não importava que fosse uma oportunidade incrível com boa remuneração, porque eu não conseguia superar o passado. Eu estava convencida de que cada interação seria como minha apresentação para a turma e que me deixaria envergonhada e vulnerável. Foi preciso um trabalho conjunto para desfazer essa crença e os pensamentos que derivaram dela antes de poder falar para grandes grupos novamente. Hoje em dia, não tenho problemas para falar em público porque percebo que o que aconteceu no passado não tem nenhuma relação verdadeira com o que está acontecendo, e poderia possivelmente ocorrer, no presente.

O problema óbvio de reviver o passado é que, não importa se você está se agarrando a uma memória negativa ou positiva, você está perdendo todas as emoções e experiências maravilhosas (ou pelo menos neutras!) que estão disponíveis no mundo para você neste momento. Você também pode estar se mantendo em uma situação ruim ou em um ciclo estagnado de energia porque está constantemente manifestando a partir de uma experiência passada e da energia vibracional estagnada que está atrelada a ela. Além disso, é sua cabeça que vive no passado (e no futuro), mas seu coração vive apenas no presente. Descobri que as manifestações mais impressionantes vêm do espaço do coração e são lubrificadas pela frequência energética do amor, que exploraremos nos capítulos posteriores.

Pergunta n° 4: Estou preocupado com o futuro?

Assim como seus sentimentos podem estar enraizados no passado, também é comum se apegar a cenários futuros preocupantes que estão fora de sua realidade atual. Quando você faz isso, não lida com o que está acontecendo no momento. Seus pensamentos e toda a energia deles alimentam um cenário que pode nem ocorrer. Você provavelmente faz isso como um meio de autoproteção, mas isso costuma ser contraprodutivo. Quando eu tinha muita ansiedade, pensava em todos os cenários horríveis que poderiam ocorrer e criava estratégias para cada um deles a fim de estar preparada para as possíveis consequências traumáticas de cada um. Mesmo quando criança, na escola, quando eu sabia que teria que ler em voz alta na frente da classe, eu contava quantos alunos vinham antes de mim para que pudesse preparar a parte que teria que ler quando fosse minha vez! É desse tipo de mentalidade temerosa, no entanto, que a energia do pensamento pode começar a interagir com a matéria a fim de trazer suas suposições negativas para a realidade — e ninguém quer isso. É possível também ter pensamentos positivos alicerçados no futuro, mas isso geralmente não acontece até você aprender a sustentar suas altas vibrações com mais consistência. Quando o fizer, é como ter conhecimento de que uma situação ocorrerá e estar confiante de que todas as coisas boas acontecerão.

No momento em que você se tornar ciente de que está vivendo no futuro de uma maneira positiva, sua energia começará a mudar para melhor. Você ganhará clareza, e é com essa lente que você começará a visualizar seus próximos passos. Manifestar é como encher um contêiner. Se você revive programações ruins ou projeta uma consciência negativa no futuro, um contêiner que já está cheio de pensamentos, crenças e traumas passados limitantes pode levar à contramanifestação — ou no mínimo fazer com que você ande em círculos até enlouquecer! A boa notícia é que você está aprendendo todas as ferramentas de que precisa para contrabalancear isso.

Pergunta n° 5: O que eu acho que vai acontecer?

Agora que você analisou seus sentimentos, nomeou o que suspeita que os esteja causando e percebeu se eles fazem você viver no passado ou no futuro, é hora de uma verificação ousada da realidade. Só de fazer as quatro perguntas anteriores a si mesmo, você já está começando a transformar sua energia para melhor. Eu costumo pensar que a conscientização é uma grande parte de seu crescimento nesse processo. Você preparou sua mente para uma mudança de pensamento, embora seja necessário um pouco mais de trabalho para chegar lá. Ainda assim, pergunte a si mesmo o que você pensa que acontecerá agora, tendo em conta o que sente e o que aprendeu sobre seus sentimentos. Você ainda pode usar como padrão sua suposição habitual, mas é bem provável que faça isso com menos dúvidas do que antes. Isso é normal, mas também é um progresso.

Os seres humanos tendem a abordar o mundo com um senso de visão limitada e de finalidade que pode precisar de um esforço para ceder. Nós pensamos, *se eu me sinto desse jeito hoje, então eu me sentirei assim para sempre*, em vez de lembrarmos que a energia oscila e o que você viveu foi apenas um momento que não durará para sempre. Minha cliente Jan, por exemplo, é proprietária de uma esmalteria, e ela descobriu que, por muitos anos, toda vez que investia no negócio, ficava ansiosa quando via o estrago em sua conta bancária. Embora Jan soubesse que tinha que gastar para ganhar mais dinheiro — e que toda vez que fazia investimentos havia retorno —, ela, por ter sido pobre, tinha uma reação instintiva de pensar, momentaneamente, que o buraco em suas economias duraria para sempre. Isso também ilustra nossa tendência a um viés de negatividade, o que significa que temos uma tendência mental programada para registrar estímulos negativos mais prontamente e então remoer esses sentimentos e episódios negativos. Isso pode fazer com que sintamos o impacto de uma repreensão com muito mais intensidade do que a felicidade que temos quando somos elogiados. Todos esses pensamentos contribuem para nossa vibração. É muito comum acreditar e pensar que o que está acontecendo agora durará para sempre se for alguma coisa ruim, mas, se for bom, não durará muito. Isso simplesmente não é verdade, e assim que você alterar suas programações, ficará espantado com o quanto sua mente podia ser tão limitada!

Pergunta n° 6: Esse sentimento é mesmo meu?

Se durante um registro você percebeu que seus sentimentos não fazem sentido ou não têm nenhuma ligação com programações passadas, há uma chance de você estar sentindo uma energia empática vinda de outra pessoa ou de várias ao mesmo tempo. Você sabe quando é atingido por uma onda de energia — seja ela proveniente de seu chefe, de seu cônjuge, de um amigo ou de uma experiência sensorial como cheiro ou som — porque ela muda como você se sente. De novo, esses sentimentos impactam você e sua frequência, e, se eles aumentarem ou diminuírem, afetarão seu campo vibracional, tornando-o fluido ou denso.

Como você existe dentro de uma sopa energética, pode se ver absorvendo uma energia que não está tecnicamente vindo de seu próprio consciente ou subconsciente. E se você não for cuidadoso, pode acabar se agarrando a ela e tomando-a para si. Digamos que você acorde e se sinta ansioso, mas depois de fazer a si mesmo as cinco perguntas anteriores, não consegue atrelar esse sentimento a uma experiência que cause a ansiedade.

Analise com quem você interagiu nas últimas 48 horas. Com quais amigos ou parentes você conversou e como eles estão? E as pessoas com quem você divide sua casa, ou, em especial, sua cama (nós liberamos e compartilhamos um excesso de energia quando dormimos)? Nossa habilidade impressionante de absorver a energia dos outros me faz lembrar de uma atriz com quem trabalhei na Escandinávia, que não tinha nenhuma doença séria, mas me procurou para aprender meios de otimizar sua saúde física e paz mental. Quando nós medimos o excesso de frequências de energia do corpo dela, usando nosso aparelho edutor, e os valores mostraram que ela estava carregando mais energia em seu campo do que é considerado normal ou saudável. Logo descobri que havia duas razões para isso: primeiro, ela estava mantendo um grande segredo sobre sua sexualidade, o que carregava uma frequência negativa abundante que aparecia na forma de ansiedade, confusão mental e de se sentir normalmente "estranha". Em segundo lugar, essa situação era agravada pela energia externa de seus fãs raivosos que juntavam, psiquicamente, a energia deles com a dela, de maneira involuntária e com regularidade. Acredito que essa última parte é que fez a frequência dela chegar ao limite. Nós a ajudamos a equilibrar sua energia, primeiro a ajudando a ter segurança para se assumir e assegurando que o público não pararia de amá-la por causa de sua orientação sexual (isso significava ter que se desfazer de crenças que ela tinha sobre o amor da própria mãe e os pensamentos relacionados a elas). Uma vez que esse peso se foi, a energia dela se elevou naturalmente, o que dificultou que a energia dos outros se unisse com a dela e a fizesse se sentir mal.

Se você suspeita que absorveu a energia de outra pessoa, pode tirá-la ao seguir uma ou mais das seguintes técnicas de limpeza: as mais simples são usar um sal de Epsom no banho, exercitar-se, meditar ou passar um tempo com quem naturalmente faz você voltar a um estado vibracional elevado. Quando você vive consistentemente em níveis elevados, é menos provável que a energia dos outros se prenda na sua, e, em vez disso, ela fluirá pelo filtro de seu campo e voltará para o universo.

E agora?

À medida que seus registros avançam, essa prática se torna instintiva, e você começa a verificar a si mesmo toda vez que sentir que uma sensação negativa ou positiva está afetando sua vibração. Os registros também se tornarão fundamentais para a reprogramação do cérebro. Embora seu cérebro constantemente ajuste suas próprias ligações, você geralmente é provocado e está focado nos mesmos pontos sensíveis todos os dias, e reage a eles de maneiras semelhantes. A razão pela qual sua vida pode parecer tão cíclica é porque você está constantemente respondendo a estímulos de acordo com as vias neurológicas que construiu em seu cérebro ao longo do tempo. A eletricidade é enviada por todo o seu cérebro quando, digamos, você diz a si mesmo o significado de um evento ou interação ou quando uma memória é revisitada e isso tende a fluir de forma semelhante ao que sempre foi. Porém, quando você verifica a si mesmo, inicia a neuroplasticidade, que é quando nosso cérebro reprograma a si mesmo, junto com a poda neural, em que novos hábitos e padrões de pensamento fazem com que novos caminhos neurológicos sejam construídos. Eu vejo registros diários resultando em novos caminhos neurológicos o tempo todo.

Minha cliente Jean tinha um histórico de trauma, além de conflitos interpessoais devido à religião, problemas familiares e um divórcio repentino graças a um parceiro infiel. Ela se sentia uma triste causa perdida e se considerava "a pior manifestante que já existiu".

Jean e eu começamos com pequenas mudanças que causaram um grande impacto — os registros diários eram obrigatórios. Ela programou um alarme no celular que tocava três vezes ao dia durante os primeiros quinze dias, e escrevia como se sentia a cada vez que o alarme tocava. Jean não gostava do que sentia, e a princípio isso a atrasou. Vergonha, raiva e depressão davam suas caras feias. "Estou em um estado emocional e mental ainda pior do que pensei", ela inicialmente registrou. "Isso vai levar anos para ser consertado. Eu me sinto assim desde quando consigo me lembrar." Felizmente, Jean estava errada em sua previsão. Quando ela aplicou os registros com as ferramentas adicionais que compartilharei nos próximos capítulos, Jean estabeleceu um sistema simples que interrompeu aqueles estados. Isso permitiu que ela virasse essa página de sua vida e recomeçasse em uma nova folha.

Dentro de uma semana, Jean disse que se sentia "diferente". O "diferente" se tornou "muito bem", e o "muito bem" se tornou "empoderada" dentro de um período de três semanas! Seis meses depois, Jean abriu seu próprio negócio e enfrentou os parentes com quem tinha conflitos. Hoje ela tem um ótimo namorado, e eles viajam o mundo juntos. Jean não precisa mais de minha assistência do mesmo jeito que antes, embora ela tenha admitido recentemente que ainda faz os registros quando está se sentindo estranha a fim de voltar para o estado de paz. "Fora isso", ela me disse, "eu sinto predominantemente gratidão e amor incondicional durante todo o dia". E esse é o objetivo!

Assim que você ficar craque nos registros, avançaremos para o desembaraço de sua energia densa. Esse segundo segredo proativo dá início ao processo de lidar com suas programações passadas para que você possa manifestar a partir de um recomeço e preparar seu campo para entregar a abundância que deseja.

Dicas e Lições

- Os registros energéticos lhe ensinam a ter consciência das crenças que embasam seus pensamentos, o que impacta em sua vibração e habilidade de manifestar.

- Embora você inicialmente vá fazer um esforço para realizar os registros, eles em breve se tornarão um hábito.

- Frequências energéticas são como ondas que se formam e se quebram o dia todo, e quando elas o fazem, nosso cérebro põe um monte de energia nos sentimentos correspondentes. Esses sentimentos determinam sua frequência dominante, a qual prepara o terreno para manifestar desejos conscientes e inconscientes.

- À medida que você faz o registro, a energia por trás dessa prática deve ser de curiosidade sadia e conscientização.

- Quando uma energia negativa o atinge, ela começa como uma marca energética, e então se manifesta no corpo emocional e físico. Fique à frente e cure esses sentimentos antes que eles causem problemas.

- Quando você vive no passado, ou está tentando recriá-lo ou quer fugir dele.

- Como você existe dentro de uma sopa energética, pode absorver energias que não são suas.

- A razão pela qual sua vida pode parecer tão cíclica é porque você está constantemente respondendo a estímulos que ativam e reativam vias neurológicas que construiu em seu cérebro ao longo do tempo.

Mais Recursos e Downloads Gratuitos[1]

Se você gostou deste capítulo, eu elaborei apenas para meus leitores um PDF de uma página chamado *"Energetic Cheat Sheet"* [Cola Energética, em tradução livre], com todas as minhas maneiras favoritas de fazer um registro, as perguntas exatas que faço a mim mesma e alguns exemplos de situações em que é absolutamente obrigatório fazer um registro energético.

Faça o download de graça no site www.authenticliving.com/gifts.

---

[1]   Todos os conteúdos bônus presentes no final dos capítulos estão disponibilizados em inglês. A Editora Alta Books não se responsabiliza tampouco gerencia o conteúdo adicional oferecido exclusivamente pela autora da obra.

Capítulo 5

Segredo nº 2

DESEMBARACE AS ENERGIAS DENSAS

Pense em uma rede de pesca que está toda embaraçada. Usaremos essa imagem para representar as conexões inúteis que você tem com seu passado, fatores que o atraem negativamente no presente e todas as personas diferentes que você sente que deve assumir a fim de fazer com que você e outras pessoas se sintam seguros. Juntos, esses fatores criam versões inautênticas de você que pesam na sua energia.

Sempre há um nó original em sua rede proverbial que foi formado na primeira vez que você criou uma crença prejudicial, e é essa crença que levou a pensamentos e sentimentos aborrecedores, que ao longo do tempo se tornaram complicados com ainda mais eventos e interações que reforçaram e apertaram o emaranhado principal. O resultado final é um grande nó, ou uma série de nós, que criou uma psique, uma vida, uma experiência e um campo de energia denso, esmagador e confuso que parece praticamente impossível de desfazer. Limpar seu campo é algo possível, embora, para fazer isso — e ainda elevar sua vibração e preparar o terreno perfeito para manifestações — você vá precisar desembaraçar a programação que levou a uma energia densa, bloqueada e interligada, para que isso o livre dos fatores negativos que encorparam seu campo. A ação de desembaraçar o leva ao primeiro nó que começou toda bagunça; e então você pode lidar com as voltas e reviravoltas e entrar em uma jornada para viver seu sonho.

No capítulo anterior, você aprendeu como verificar a si mesmo, então sua mente deve estar preparada para um desembaraçar sério. Você aprendeu a reconhecer como se sente a qualquer momento e por que se sente desse jeito, se você está vivendo no passado ou no futuro, qual você espera que seja o resultado de seus sentimentos e se o que você está sentindo é mesmo seu ou se está pegando isso de outra pessoa. Em poucas palavras, via de regra, você se torna hiperconsciente de seus sentimentos. Então, agora que você está mais conectado com suas emoções, o que está ligado aos pensamentos que emitem vibrações de manifestação, é hora de investigar as raízes de suas programações negativas e removê-las. Neste capítulo, vou ensiná-lo a como desembaraçar sua energia e reprogramar suas reações e seu cérebro involuntariamente para que possa alcançar e manifestar por completo seus objetivos e desejos.

Por que Se Incomodar em Desembaraçar Sua Energia?

Existem consequências em deixar energias densas, bloqueadas e embaraçadas sem serem verificadas — e, como você sabe, a capacidade reduzida de manifestar é uma das maiores entre elas. Até o final deste livro, você terá limpado seu campo e elevado sua frequência para que, então, você esteja manifestando de um lugar ideal; desembaraçar as crenças, pensamentos e sentimentos que contribuem para uma energia densa fará com que esse processo seja bem fácil. Contudo, qual a razão para isso ser verdade e de que jeito mais sua vida se beneficiará dessa prática?

Energias embaraçadas e densas forçam você a viver em um estado inautêntico que não é quem você é em essência — isto é, na sua alma. Não é quem Deus o designou para ser, ou seja, não é o seu eu superior que floresce em uma existência vibracional elevada. Então, se você não lidar com a energia embaraçada, bloqueada e densa, continuará apegado ao passado e operando de um estado mental que não representa quem você realmente é. Isso é bem diferente de quando você é seu verdadeiro eu e, como resultado, acredita, pensa e sente de uma perspectiva e frequência energética limpa e elevada. Você essencialmente volta à pureza que expressava quando era um bebê. E a energia atrelada a esse estado é limpa e tem um potencial ilimitado para cocriar com Deus. É a forma como você era antes de as programações mudarem sua identidade e dos traumas distorcerem sua autopercepção. O objetivo maior de desembaraçar a energia é voltar a ser a pessoa, e a alma, que você foi divinamente criado para ser.

Se volto para aquele momento importante para mim no espelho do banheiro anos atrás, quando entreguei minha vida a Deus e pedi para que Ele usasse todo meu potencial de acordo com um plano divino, me lembro de uma energia me tomando por inteiro e que era mais sublime do que qualquer coisa que eu já havia sentido. Eu acredito que o que experimentei foi a versão mais alta de energia que minha alma poderia alcançar naquele momento, e foi semelhante à frequência que eu irradiava antes de minhas experiências de vida me programarem de uma maneira diferente. Era uma sensação de potencial puro e sem limites. Desde então, canalizei que todos nós somos capazes de sentir essa energia, e ela existe em um plano mais elevado do que a energia do amor, que eu pensava ser a frequência suprema. Eu gosto de chamar essa frequência, que emana de seu eu mais autêntico, de a energia do "ser": é a energia de todas as coisas, em completa união, como uma só coisa. Ela apenas *é*. Toda vez que busco uma energia desembaraçada, é essa a linha de chegada que visualizo.

Se você não lida com sua energia densa, também continuará a repetir as mesmas situações negativas e a reagir do mesmo jeito a estímulos de baixa vibração e gatilhos, que, por sua vez, solidificam certos padrões de comportamento. Isso significa que você não está apenas operando em uma baixa vibração que impede a manifestação, como também está reforçando vias neurológicas que são inferiores. Se você anda por um campo na mesma direção todo dia para chegar à casa de um amigo, uma trilha começa a se formar, certo? A grama começa a crescer diferente, e, depois de idas e vindas suficientes, se tivesse que dizer a alguém para seguir o mesmo caminho que você, a pessoa veria as marcas que você já deixou no trajeto. O que é interessante é que, cada vez que você saiu de casa para fazer aquele percurso, sua mente presumia involuntariamente que esse caminho era o mais fácil que você poderia seguir. Sua caminhada se tornaria um processo automático, e você já esperaria ver as árvores, as flores, as marcas no gramado antes de vê-las de fato. Contudo, só porque esse trajeto é familiar, não quer dizer que ele é o mais simples. Pode haver outros caminhos para chegar à casa de seu amigo, você apenas não os explorou ainda, então você segue o caminho que entende como sendo o de menos resistência, e, de um jeito bem simplificado, suas vias neurológicas tendem a agir de uma maneira semelhante.

Talvez o mais importante seja que desembaraçar a energia o ajuda a entender e navegar por seus relacionamentos e circunstâncias com clareza e, já que você está operando em uma vibração mais alta, com mais amor também. Energeticamente, essa frequência de amor mais leve permite que sua mente processe fisiologicamente informações de uma maneira mais lúcida. Falarei mais sobre o poder multifacetado do amor no Capítulo 7, mas vale ressaltar aqui que incorporar uma frequência do amor foi um divisor de águas quando ajudei clientes na Noruega que sofriam de doenças psicossomáticas devido a vários tipos de traumas. A frequência do amor que eu emitia em nossas sessões juntos permitia que o subconsciente deles "relaxasse", digamos assim, e impedia que os pacientes vissem a mudança como uma ameaça. Isso é importante porque, quando você se sente mais leve e pensa com mais clareza, começa a buscar soluções que são do bem maior. Além disso, isso pode encorajá-lo a achar caminhos para transformar uma situação ou um relacionamento para melhor, em vez de eliminá-los completamente de seu escopo. Assim que alcança um estado energético mais elevado depois de desembaraçar seu campo, você basicamente torna a densidade daquela antiga realidade em uma realidade nova e mais elevada que é ressaltada com amor.

Uma vez tive uma cliente chamada Louise que tinha uma relação dolorosa com seu pai, e o jeito que isso a impactava estava enraizado em programações passadas. Quando Louise se tornou sua cuidadora, depois que ele adoeceu de demência, o homem se tornou ainda mais cruel e crítico com sua filha. No mesmo instante, Louise sentiu que tinha que fazer uma escolha para se proteger dos ataques do pai: ela poderia fazer o papel de filha zelosa e permitir que isso a destruísse ou poderia contratar uma enfermeira e tirá-lo de sua vida completamente. Contudo, uma vez que a energia de Louise começou a suavizar e se elevar depois de fazer vários registros e desembaraçar as energias, ela percebeu que tinha uma terceira opção: ser a solução para seu problema. Sua perspectiva começou a clarear e mudar. Louise começou a ver o pai como uma criança machucada, que necessitava de amor, e começou a responder-lhe de acordo. Como resultado, ele começou a tratar Louise mais amigavelmente também. Louise foi capaz de transmutar, em vez de eliminar a energia que apoiava sua relação com o pai à medida que ambos se tornaram versões mais amorosas de si mesmos. Isso só foi possível porque ela fez o trabalho para elevar seu campo.

Entendendo a Energia Embaraçada

Como mencionei, há três fatores principais que geram a energia embaraçada: programações passadas, desafios atuais e as personas que criamos para ajudar a nós e aos outros a se sentirem seguros. Explicarei como fazer o processo de desembaraçar mais para adiante no capítulo, mas, por ora, gostaria de ilustrar apenas como é fácil e *normal* para seus pensamentos, seus sentimentos e sua energia se enrolarem em nós metafóricos. Eu não quero que você sinta, nem por um segundo, que ter um campo energético baixo ou denso seja motivo de vergonha, porque esse é o resultado natural de se viver neste planeta e enfrentar os desafios que vêm com ele. Durante as sessões de canalização, sou informada repetidamente de que nós, enquanto seres humanos, estamos aqui para aprender lições e constantemente crescer a partir tanto de nossas experiências animadoras quanto das dolorosas. O que é mais produtivo de se esperar, em vez disso, é o quanto você se sentirá incrível quando chegar à raiz da razão pela qual tem os pensamentos e emoções que tem e o quanto a vida parece fácil quando você é capaz de fluir por esse mundo 3D com um ar de tranquilidade e abundância. Isso não soa encantador? Você pode até mesmo parar para imaginar um sentimento leve e livre de fardos fluindo por dentro e ao redor de seu corpo. Eu suspeito que isso se aproxima do que você sentirá com um campo vibracional elevado. É uma sensação incrível, não é? Ok, agora volte aqui. Você tem trabalho a fazer!

Como pode imaginar, programações passadas contribuem para um campo confuso porque são o alicerce complicado sobre o qual você construiu seus altos e baixos da vida até o momento. Elas alimentaram e continuam alimentando seus valores e as regras que regem sua vida. Isso seria ótimo se seu passado fosse repleto apenas de mensagens encorajadoras e lembranças fortalecedoras, mas é claro que isso não é nem um pouco realista. Cada um de nós tem marcas e traumas de nossas programações passadas que distorceram nossas crenças e nossos pensamentos, mesmo que eles tenham começado com boas intenções. Minha cliente Kristie foi criada como uma católica fervorosa e, quando adulta, tudo o que ela queria era manifestar sua alma gêmea perfeita. No entanto, em conjunto com os ensinamentos positivos de sua religião, Kristie descobriu simultaneamente que era uma pecadora, algo que ela internalizou como se isso significasse que ela era uma pessoa má por natureza. Isso criou o pensamento de que ela sabotaria qualquer bom relacionamento prospectivo que aparecesse em seu caminho. A partir daí, suas crenças, pensamentos e sentimentos tornaram-se ainda mais validados e difundidos ao longo do tempo, como quando Kristie perdia contato com um amigo ou brigava com sua irmã. Embora ela orasse em favor dessas situações, elas ainda desmoronavam, o que só reforçou a suspeita de Kristie de que ela era naturalmente má e gerou outra crença distorcida de que, se ela pedisse demais de Deus, Ele a ignoraria e não entraria com a providência. Em pouco tempo, Kristie se viu como um fardo para todos ao seu redor — e isso a fez duvidar de sua capacidade de manifestar um parceiro que a amaria incondicionalmente.

Você pode imaginar como o que começou como um conjunto de valores bem-intencionados da programação passada de Kristie cresceu e se transformou em uma confusão embaraçada que arruinou a autoimagem dela e alcançou todas as facetas de sua vida, além de mantê-la em uma baixa vibração. A partir daí, não importava o quanto Kristie orasse ou tentasse mexer os pauzinhos da manifestação, pouca coisa acontecia da forma que ela planejava. Foi só quando ela começou a verificar regularmente a si mesma e, em seguida, a desembaraçar as crenças e os pensamentos que a levaram à sua mentalidade atual que ela pôde remover a raiz do problema que estava criando uma energia inerte e diminuindo seu ânimo. Até então, Kristie não havia considerado que sua incapacidade de encontrar um parceiro e se apaixonar perdidamente estava ligada a uma crença religiosa aparentemente sem relação com isso, algo que ela tinha aprendido quando era uma garotinha. Não é fascinante como nossas crenças enraizadas podem se tornar ramificações de difícil controle quando chegamos à fase adulta?

Fatores negativos no presente também podem criar uma energia densa e embaraçada. Recentemente, minha amiga Lala estava me contando sobre uma conversa desagradável que ela teve com sua prima Barbara. Lala explicou como Barbara se sentia estressada porque devia dinheiro de impostos atrasados — e em vez de ouvi-la e simpatizar com ela, Lala se viu nervosa e perplexa. Ela queria até atacar Barbara por ser assim tão irresponsável! Antes que Lala deixasse esses sentimentos corroerem a conexão entre as duas, ela verificou a si mesma e, então, realizou o processo de desembaraçar sua reação incomum. Lala percebeu que certos fatores no agora — ela estava cansada, com um prazo apertado no trabalho e no limite devido a uma reforma barulhenta e interminável em sua casa — estavam influenciando a reação dela à história de Barbara. Lala percebeu, também, que esses fatores atuais também se misturaram com uma necessidade, que vinha desde a infância, de sempre se sentir compelida a resolver os problemas de outras pessoas para elas, e que questões financeiras, principalmente perto da época de declarar impostos, eram um tópico arriscado em sua casa enquanto ela crescia. Você pode perceber como as condições atuais se misturaram com as emoções passadas para criar uma resposta complexa ao problema de Barbara. Uma vez que Lala desembaraçou o contratempo complicado, isso elevou sua energia, e ela pôde apoiar Barbara com a empatia de que ela precisava, já que Lala estava agora operando a partir de seu eu superior.

Acho que o fator mais fascinante que contribui para uma energia embaraçada é a persona que você assume para fazer com que você mesmo e os outros se sintam confortáveis em qualquer situação. Desenvolvi minha teoria sobre personas depois de trabalhar com vários clientes, assim como com meus próprios entes queridos, que tinham transtorno dissociativo de identidade (TDI), também conhecido como transtorno de múltiplas personalidades, e perceber que cada um de nós cria personas para lidar com problemas e gatilhos (para deixar claro, não estou dizendo que aqueles que têm TDI e o restante de nós temos as mesmas experiências, apenas que as experiências desses pacientes me inspiraram de um jeito novo e útil para escavar programações passadas). Portanto, enquanto você talvez não sofra com um diagnóstico de TDI, cada um de nós tem personas que vêm à tona para resolver nossos problemas, para nos proteger de certos sentimentos ou de repetir certos traumas, e para nos ajudar ou ajudar alguém que conhecemos a nos sentirmos protegidos do perigo. Elas derivam de partes do nosso passado com as quais ainda temos que nos reconciliar.

Graças aos registros, eu tenho certeza de que é óbvio agora que, quando você tem ciência de um sentimento que precisa ser enfrentado, o processo sempre é iniciado por um evento ou interação desencadeante. Bom, quando você sente esses sentimentos, sua mente responde da perspectiva de sua persona. Por exemplo, quando eu estava na casa dos 20 anos, namorei um homem problemático que me traía e ainda me chamava de gorda o tempo todo. Ele gostava de beliscar minha barriga para insinuar que eu tinha muito o que melhorar. O momento em que ele tocava a pele da minha barriga desencadeava uma sensação de autodepreciação — e isso se tornou uma persona para mim. Eu acreditava que não era boa o suficiente para ele, e logo me senti insuficiente em outras áreas também. Eu me sentia uma fracassada, e essa se tornou minha persona quando ele ou outras pessoas provocavam sentimentos de inferioridade em mim. Embora isso não fosse baseado na verdade, essa persona entrava em ação para controlar/fazer aquela situação ter sentido para mim — isto é, meu namorado me acha inferior, logo, eu sou assim —, e ela fazia isso a partir de uma energia baixa e embaraçada. A energia estava enraizada em programações de minha adolescência e dos meus 20 anos, que insistiam que eu era descartável se não me tornasse quem os outros queriam que eu fosse. Isso fez de mim alguém que vivia inteiramente para agradar às pessoas.

A questão é que você não pode se dissociar de uma persona. Ela é parte de você e precisa ser compreendida; uma persona tem um papel a desempenhar, ela está tentando assumir o controle, e essa necessidade básica nunca desaparecerá. Você pode desativar as crenças, os pensamentos e sentimentos de sua persona, mas descobri que é muito difícil eliminar as necessidades que guiam uma persona, já que a memória a que ela está atrelada sempre será parte de você. Curar-se se torna uma questão de trabalhar com uma persona em torno dela, junto com sua energia, em vez de eliminá-las, visto que você nunca é capaz de apagar seu passado. Então, como você supre as necessidades de sua persona, mas de uma maneira elevada? Use isso como o ponto de partida para desembaraçar os elementos e a energia que deram à luz a persona e a baixa energia que a sustenta.

Que Comece o Desembaraço!

Lembre-se, quando verifica a si mesmo depois de se deparar com um gatilho, você nomeará seus sentimentos, os conectará à causa deles, reconhecerá se está vivendo no passado ou no presente, analisará qual você acha que será o resultado e garantirá que a energia que está sentindo é mesmo sua. Daí você começará a desembaraçar a energia, mas apenas se perceber que há programações e sentimentos negativos ligados ao seu registro. Você não precisa desembaraçar energia se estiver se sentindo positivo ou feliz, porque já está em um estado vibracional crescente. E, como se sente bem, você já considerou como chegou a esse ponto e como igualar e replicar essa sensação durante as perguntas do registro para que possa vivenciar o sentimento por mais tempo e com mais frequência. Essa prática é apenas para as reações emocionais únicas ou recorrentes que atrapalham seu dia a dia.

Novamente, o jeito mais fácil de desembaraçar programações e energia é trabalhando com a persona que você criou para lidar com o gatilho ou problema em questão. Então, depois de verificar seus sentimentos, eu gostaria que você analisasse que persona sua mente está usando para entender ou enquadrá-los. Isso ajuda a determinar de onde seu baixo estado está vindo. Logo, você entenderá que o que sente neste exato momento não está tão amplificado quanto pensou inicialmente. O problema parece grave agora porque está vindo de pensamentos que não foram curados baseados no passado ou no futuro.

Para ajudar a determinar sua persona, faça três perguntas para si mesmo:

1. O que estou dizendo a mim mesmo neste momento?

2. Que persona estou utilizando e qual necessidade ela tem neste momento?

3. Como posso suprir essa necessidade de uma maneira mais elevada?

Digamos que seu supervisor atrevido repreenda você em uma reunião, na frente de seus colegas de trabalho, por ter expressado uma opinião da qual ele não compartilha. Você imediatamente se sente ansioso e quer largar o trabalho, entrar em um avião para o Taiti para tirar umas férias bem longas ou pesquisar no Google um feitiço que faça você desaparecer para sempre. Nenhuma dessas opções é realista, no entanto, assim que você voltar para sua mesa, fará seu registro e reverá as perguntas sobre sua persona para descobrir o porquê de você se sentir do jeito que se sente. Você perceberá que está dizendo a si mesmo que está com medo de perder o emprego e que não quer ir à falência como aconteceu há dez anos. Sua persona, neste caso, é o Seu Eu Falido, e a sua necessidade é se sentir seguro e prover para sua família. Por fim — e aqui é onde a reviravolta começa —, você percebe que pode suprir a necessidade do Seu Eu Falido de uma maneira mais elevada ao assumir uma mentalidade mais produtiva. Por que não atualizar seu currículo ou arranjar um trabalho secundário para melhorar suas economias? Ou se, agora nesse estado mais calmo, você acha que está exagerando porque seu chefe sempre parece estar de mau humor ultimamente, talvez você só precise dar uma volta no quarteirão. Todas essas opções acalmam sua mente e dão sentido aos seus sentimentos, o que muda sua energia positivamente.

Outro gatilho que ouço bastante, principalmente de mulheres, é o medo da rejeição de outras mães. Pais e mães, em especial, colocam muita pressão sobre si mesmos não apenas para serem exemplos e provedores perfeitos para seus filhos, mas também para se sentirem queridos e respeitados dentro de seus grupos de pais. Minha cliente Cindy, por exemplo, descobriu um gatilho quando percebeu no Facebook que certas mães da turma da pré-escola de seu filho se encontravam regularmente para tomar um café sem convidá-la. A primeira vez que isso aconteceu, Cindy se afundou em autodepreciação e se sentiu abandonada. Depois de verificar esses sentimentos, Cindy percebeu que estava dizendo a si mesma que as outras mães a rejeitavam porque elas eram capazes de ver quem ela realmente era — no fundo, uma pessoa que era antipática.

Esses sentimentos e a situação que os causou a lembraram de quando ela tinha 6 anos de idade e nenhuma outra criança queria brincar com ela no parquinho. A persona de Cindy, neste caso, era A Cindy de Seis Anos, e a necessidade dessa persona era se sentir incluída e boa o suficiente. Visto que ela não poderia apagar sua memória ou de uma hora para outra cair nas graças daquele grupo de mães, Cindy supriu a necessidade de sua persona de uma maneira mais elevada ao perceber que ela não precisava fazer parte da panelinha do café e, em vez disso, poderia fazer um pequeno ato de autocuidado para melhorar seu humor (como ir à manicure ou a uma aula extra de ioga) e depois chamar outras amigas, embora elas não fossem mães, para tomarem um café. Essa solução ajudou Cindy a processar seus sentimentos e se sentir valorizada, o que aumentou seu astral.

Assim como aconteceu com Cindy, muitas de nossas experiências da infância dão forma a como entendemos nossa vida adulta. Estudos mostram que traços de personalidade de crianças têm efeitos duradouros que iniciam e sustentam certas trajetórias de vida, sem falar no seu bem-estar em áreas como a saúde física e emocional, amizades e domínio em campos escolhidos. E como seu bem-estar como adulto é resultado de uma rede complexa de influências biológicas, sociais e psicológicas que se desenrolam ao longo de sua vida, acredito que uma persona enraizada na infância pode ter um forte domínio sobre sua realidade atual. Isso ficou bem claro durante um workshop da Authentic Living, quando uma mulher chamada Jen, que já tinha vindo às minhas conferências antes, compartilhou com o grupo uma história intensa sobre sua persona. Jen explicou que, um ano antes, ela e o marido estavam envolvidos em uma briga agressiva pela custódia total do enteado, já que a mãe biológica dele não era capaz, psicologicamente, de prover um lar seguro para ele. Enquanto a data da audiência se aproximava, Jen se sentiu sobrecarregada, com uma necessidade insaciável de ser ouvida, e estava à beira das lágrimas, com a crença fervorosa de que teria que lutar mais do que nunca pelo enteado, porque o mundo era injusto, o sistema judicial era falho e a vida nunca seguia o rumo que ela queria. Uma noite, quando Jen estava discutindo o caso com o marido, ela começou a chorar intensamente, a berrar com os dentes cerrados e a gritar que ninguém ouvia o que ela dizia sobre aquela grande decisão. A raiva de Jen era tão incomum e chocante, que seu marido segurou seus ombros e perguntou: "Quem *é* você?" A pergunta foi um choque de realidade para Jen, e ela percebeu que, nesses momentos acalorados, ela não era o seu eu autêntico. Era a deixa para fazer o registro, o trabalho com sua persona e o desembaraço.

Jen fez o registro e examinou por que se sentia daquele jeito sobre a situação complicada de seu enteado. Ela rapidamente percebeu que estava dizendo a si mesma que ninguém respeitava ou ligava para o amor e cuidado profundo que ela sentia pela criança — não porque isso era verdade, mas porque, quando Jen tinha 10 anos, seus próprios pais se divorciaram e ela disse ao tribunal que queria morar com o pai, em vez de com a mãe —, e mesmo assim a justiça não permitiu isso. A importante decisão fez com que Jen tivesse uma infância turbulenta. Lutar pelo enteado agora fez com que ela percebesse que estava usando a persona da Jen de Dez Anos, que precisava ser ouvida. Porém, ela percebeu que poderia suprir sua necessidade de uma maneira elevada e sem perder a cabeça, apenas pedindo ao marido que lhe desse um abraço apertado e carinhoso toda vez que ela saísse de si (isso é uma "quebra de padrão", que discutiremos mais no Capítulo 6). O abraço instantaneamente acalmava Jen e a trazia de volta para o presente; o amor do marido fazia com que ela ficasse em paz, o que elevava sua energia. Se o marido não estivesse por perto, ela me disse que sentava em sua bicicleta ergométrica e treinava para que a raiva que ela sentia desaparecesse e usava o pico de endorfina para substituir sua negatividade e ajudá-la a voltar para os eixos.

Quanto mais você faz os registros, trabalha com as identidades das personas e com as perguntas "desembaraçantes", mais eficiente fica nessas práticas — de novo, visto que treinará seu cérebro novamente para controlar rapidamente suas emoções de formas saudáveis, emocional e energeticamente. Por fim, quando você encarar um gatilho causado por incidentes semelhantes, o padrão automático de seu cérebro acionará sentimentos de paz, em vez de ansiedade e dor. Ele entenderá que essa é a via neurológica mais fácil a seguir e os sentimentos mais simples para sentir, porque esse é o caminho da menor resistência. Isso transmitirá energeticamente e com regularidade frequências mais altas para o universo, que é a vibração constante necessária para manifestar sem esforço diariamente.

Dando Sentido às Crenças e aos Pensamentos Remanescentes

Depois de desembaraçar, você naturalmente se encontrará em um estado mais sereno e reflexivo. Enquanto a experiência ainda está fresca em sua mente, essa é uma boa hora para que qualquer crença e pensamento remanescentes que venham para o primeiro plano de sua bobina consciente sejam processados e estabelecidos. Para incentivar essa tarefa, tire um tempo para fazer uma caminhada sozinho, sentar-se em silêncio na sua varanda ou sob uma árvore ou escrever no seu diário em um lugar tranquilo. Sua mente deve estar calma e relaxada, mas se você sente que acionou algum gatilho ao revisitar tópicos que o aborrecem, pule esse exercício. Caso contrário, abrace sua nova perspectiva de longe e pense sobre isso: o que você aprendeu sobre suas crenças, seus pensamentos e suas personas até agora?

Já que todas nossas personas vêm com uma crença ou uma série de crenças que se comunicam com os pensamentos e sentimentos e mexem em diferentes partes de nossa vida, você começará a notar quais tópicos e temas se apresentam com regularidade em sua vida. Portanto, se agora está ciente de que se sente muito rejeitado, assimile as crenças e pensamentos que giram em torno desses sentimentos. O que ainda faz você se sentir indigno? O que você está fazendo de diferente para se ajudar? Você é capaz de seguir em frente sem ver essas situações pelas lentes de um viés de permanência ou negatividade? Lembre-se, nosso cérebro sempre está tentando criar realidades concretas para nos ajudar a nos sentirmos sãos e salvos, mas isso determina ainda mais as ações que escolhemos em nosso ambiente e coloca os pensamentos em ações, que é a manifestação.

Com alguns condicionamentos psicológicos e energéticos necessários sob seu domínio, você agora está em um estado de consciência e clareza mental. Como você sustentará isso? O próximo segredo é controlar seus gatilhos para que você gaste cada vez menos tempo fazendo registros e desembaraçando a energia.

Então aperte os cintos, porque vem aí um segredo bem poderoso!

Dicas e Lições

- Três grandes fatores geram energia embaraçada: programações passadas, desafios atuais e as personas.

- Energias embaraçadas e densas o forçam a viver em um estado inautêntico — não aquele que Deus designou para você.

- O objetivo de desembaraçar a energia é voltar a ser a pessoa e a alma que você foi criado para ser.

- O potencial puro e ilimitado existe em um plano mais alto que a energia do amor e emana de seu eu mais autêntico. Quando você buscar uma energia solta, desembaraçada, visualize essa linha de chegada.

- Se você não enfrenta sua energia densa, repete as mesmas situações negativas e reage do mesmo jeito a estímulos de baixa vibração que solidificam certos padrões de comportamento. Você opera em uma baixa vibração que impede a manifestação e reforça vias neurológicas negativas.

🔒 Todo mundo tem marcas e traumas das programações passadas que distorceram nossas crenças e pensamentos, ainda que eles tenham começado com boas intenções.

🔒 Quanto mais você fizer os registros e trabalhar com as identidades das personas e as perguntas "desembaraçantes", mais rápido treinará seu cérebro novamente para controlar rapidamente suas emoções de formas saudáveis energeticamente.

Mais Recursos e Downloads Gratuitos[1]

Se você gostou deste capítulo, eu elaborei uma meditação poderosa e diária, chamada *"Clearing and Releasing Dense and Negative Energy"* [Limpando e Liberando Energias Negativas e Densas, em tradução livre], que ajudará você a se libertar de qualquer coisa que o esteja atrapalhando. Recomendo que a escute todas as noites por trinta dias para ver algumas mudanças rápidas e duradouras.

Faça o download de graça no site www.authenticliving.com/gifts.

---

[1] Todos os conteúdos bônus presentes no final dos capítulos estão disponibilizados em inglês. A Editora Alta Books não se responsabiliza tampouco gerencia o conteúdo adicional oferecido exclusivamente pela autora da obra.

Capítulo 6

Segredo nº 3
CONTROLE GATILHOS COM QUEBRAS DE PADRÕES

Aprender como controlar gatilhos é o cerne da manifestação, e um dos meios mais simples e mais eficazes de fazer isso é dominando o uso das quebras de padrões. Essas ferramentas alteram suas emoções e redirecionam sua energia quando você nota uma reação negativa a um estímulo.

A essa altura, você está se tornando um profissional em reconhecer quando encontra um gatilho, em entender de onde suas reações derivam e em desembaraçar a energia conectada a suas emoções subsequentes. E quanto mais você se engaja nessas práticas, mais fácil e intuitivo se torna esse processo mental e energético de limpeza. Com toda honestidade, fica tão fácil quanto servir uma xícara de chá. Contudo, às vezes, durante sua autorreflexão, você pode achar que precisa de um estímulo energético ou emocional que não é capaz de ter apenas fazendo os registros e desembaraçando a energia. É aí que entra a quebra de padrão, que pode ser usada como uma ferramenta independente a qualquer momento, toda vez que precisar mudar ou restaurar rapidamente sua energia. Este exercício pode ser feito sempre por você, então espero que ele se torne uma ferramenta de referência que ajuda tanto a manter quanto a retornar para uma vibração alta conforme necessário. O intuito de uma quebra de padrão é colocá-lo imediatamente em um estado emocional mais elevado, e, como você já sabe a esta altura de nosso trabalho, quanto mais elevado estiver seu estado emocional, mais elevado estará seu estado vibracional — já que ambos impactam diretamente as manifestações e sua qualidade de vida em geral.

Enquanto nos aprofundamos no segredo número 3, explicarei o que são as quebras de padrões, como e quando usá-las, por que elas têm o poder de desestabilizar os gatilhos e o papel que elas desempenham em ajudar a reeducar as vias neurológicas em seu cérebro que estão diretamente ligadas às suas habilidades de manifestação inconscientes e, consequentemente, às mais conscientes. Também discutirei como as quebras de padrões dão um empurrãozinho na "escala emocional/vibracional", que é basicamente uma hierarquia vibracional dos sentimentos. Vale ressaltar que eu gostaria que você usasse as quebras de padrão juntamente com os registros e com o desembaraçar de energias, não no lugar deles. Falo isso porque, se você se parecer um pouco comigo, se apaixonará e realmente se apoiará no *up* diário das quebras de padrões! É tentador abraçar o estímulo energético que elas oferecem e apenas seguir em frente com seu dia, mas as quebras de padrões sozinhas não elevarão a energia consistente o bastante para melhorar os resultados de suas manifestações. Pelo contrário, elas são uma ótima maneira de criar uma distância emocional de uma resposta proveniente de um gatilho ou de um estado vibracional baixo para que você possa ficar curioso sobre o porquê de sentir o que sente. É essencial fazer todo trabalho que gere uma mudança real. Sem atalhos! Mas, cara, vale muito a pena dominar os oito segredos. Eu prometo!

Interrompemos Esse Padrão...

Há três tipos de quebras de padrão para se ter à mão a fim de acessá--las a qualquer momento e em qualquer situação: a física, a espiritual e a mental/emocional. É necessário um pouco de tentativa e erro para descobrir qual delas ajudará você e quando, já que nem toda quebra de padrão funcionará com qualquer pessoa, gatilho ou ambiente no qual você sofreu o gatilho. Você pode precisar de uma quebra física de padrão depois de uma discussão com seu cônjuge ou de uma espiritual quando vivenciar um gatilho no trabalho — isso você decide. Como você e seu passado são bem singulares, é impossível que eu diga quais exercícios funcionarão melhor e em que momento. Também gosto de deixar um espaço aqui para que sua intuição influencie suas escolhas a fim de que você vá se acostumando cada vez mais a confiar nela enquanto pratica os oito segredos. O incrível é que, quando você encontrar as quebras de padrões que o ajudem, terá ferramentas rápidas e de acesso total que oferecem gratificação energética instantânea em meio a várias formas de caos. Sugiro encontrar pelo menos três tipos que funcionam em cada categoria para que você possa ter opções quando precisar delas.

Em sua essência, todas as quebras de padrões são feitas para redirecionar sua fiação neurológica por meio de quebras físicas, espirituais e mentais/emocionais no pensamento e na energia. Quando você usa uma quebra de padrão física, usa seu corpo para distrair ou mudar a experiência emocional que está tendo em sua mente. Fazer dez flexões, uma dança boba, cantar alguns versos de sua canção favorita, respirar fundo cinco vezes ou dar um curto passeio no quarteirão são quebras de padrões que meus clientes exploram regularmente. Uma de minhas quebras físicas de padrão favoritas, pelo menos no inverno, é rolar na neve. Quando o solo está coberto de montinhos brancos, eu gosto de ir lá fora vestindo regata e short e rolar pela neve pelo máximo de tempo que conseguir. Isso restaura minha energia imediatamente. Em climas mais amenos, fico mais propensa a tomar banhos gelados, que têm um propósito semelhante. Eles são conhecidos por aumentar os níveis de endorfina, melhorar o metabolismo, estimular a circulação e ajudar na imunidade. E agora eu vou deixar registrado aqui que eles também elevam as vibrações!

Quebras espirituais ou invocam um poder superior ou usam sua alma para mudar sua frequência energética. Você pode fazer uma oração rápida, imaginar uma luz dourada descendo dos céus em direção ao seu corpo, visualizar anjos o ajudando de algum jeito, ou se visualizar reequilibrando seus chacras. Outra excelente quebra espiritual de padrão é fazer uma varredura mental em seu corpo até perceber em qual parte a energia parece estar mais densa. Você sente alguma tensão no seu ombro, nas costas, no pescoço ou no peito? Então imagine um aspirador sugando toda essa energia obscura, embaraçada e bloqueada e esvaziando tudo isso no universo utilizando o amor.

Uma vez, tive um casal de clientes chamados Kathy e Jim, que estavam casados havia dez anos, mas estavam preocupados com o desgaste do relacionamento deles. Depois de terem filhos, os dois estavam batendo de frente mais do que o normal, com Kathy assumindo uma persona controladora, pertencente à sua programação passada, e Jim assumindo uma mais infantil da programação dele. Como uma quebra de padrão espiritual, essa dupla decidiu praticar o aterramento ao imaginar raízes, como as das árvores, crescendo da planta de seus pés e ancorando-os no chão. O toque especial deles, no entanto, era que suas raízes mútuas se interligariam uma com a outra para fortalecer o vínculo dos dois e conectá-los divinamente. Imaginar isso acalmava os pensamentos deles e ressaltava seus próximos passos com carinho.

Por fim, algumas quebras de padrões mentais/emocionais que interagem com os sentidos às vezes podem ser necessárias. Eu gosto de ouvir música, difundir óleos essenciais e de escrever em meu diário. Você também pode pegar emprestada uma quebra de padrão do arsenal de meu marido, como colocar mentalmente as pessoas que o aborreceram em um filme acelerado, bem no estilo Chaplin, em preto e branco, a fim de ajudar a minimizar uma situação difícil, tornando-a totalmente boba. Se você não se identificar muito com essa, pode ser suficiente falar com um amigo em quem confie, que seja conhecido por ser otimista, um tipo de parceiro que sempre ajudará a melhorar seu humor. Lembre-se, essas são apenas algumas ideias que funcionaram para mim e para alguns clientes antigos, mas sinta-se à vontade para ser criativo e ter suas próprias ideias. Nenhuma quebra de padrão é ridícula ou estranha demais quando o objetivo dela é melhorar seu estado energético, emocional e mental.

À medida que explora as melhores quebras de padrões que funcionam para você, pode querer escolhê-las baseando-se no fato de ser um aprendiz visual, auditivo ou cinestésico. Visto que todos somos programados de maneiras diferentes, explorar seus instintos básicos pode gerar resultados mais rápidos. Alunos visuais, por exemplo, precisam ver figuras e gráficos para visualizar seu caminho para uma solução. Alunos auditivos preferem ouvir as informações. Alunos cinestésicos preferem interagir em uma atividade a fim de assimilar um conceito. Se você ainda não sabe que tipo de aluno é, é possível achar vários testes divertidos na internet para ajudar. Eles geralmente são baseados no tipo de palavra que você usa, os livros que você lê, as memórias que você armazena, e assim por diante. Escolher uma quebra de padrão que se relaciona com seu estilo de aprendizado é um ato estratégico cuidadoso, já que seu cérebro ficará mais receptivo às atividades que naturalmente se adéquam a você e à sua forma de processar dados. Sou uma aprendiz muito cinestésica e acho que quebras de padrões que envolvem movimento fazem uma grande diferença para mim. Certa vez, no Natal, um parente com quem ainda tenho uma relação complicada me ligou para colocar o papo em dia. Embora ele não tenha dito nada sobre nosso passado, ouvir sua voz disparou uma enxurrada de memórias dolorosas que fizeram com que me sentisse uma criança vulnerável novamente. Quando desliguei o telefone, senti um peso do qual não conseguia me livrar. Antes que pudesse fazer um registro ou desembaraçar aquela energia, eu sabia que precisava usar uma quebra de padrão para me estabilizar. Respirei fundo algumas vezes, mas aquele peso emocional ainda estava ali. Coloquei meus fones de ouvido, mas minha playlist habitual não foi capaz de alternar minha energia. Finalmente, pus uma salsa e (quase que agressivamente) dancei até cansar. Eu ria cada vez que me via rapidamente no espelho, mas mexer meus quadris realmente funcionou. Participar de uma atividade alinhada com meu estilo de aprendizado era exatamente do que minha mente, minhas emoções e minha vibração precisavam. Assim que a música acabou, fui capaz de registrar e desembaraçar minha resposta ao chamado, e pareceu que a conversa nunca tinha acontecido.

Depois de testar cada quebra de padrão, pergunte a si mesmo: *Eu me sinto diferente?* Mesmo que se sinta apenas um pouco melhor, adicione essa prática à sua coleção. Se você não sente mudança nenhuma, tudo bem, escolha outra. Saiba também que pode ser necessário usar mais de uma quebra de padrão para sentir alguma diferença. Você não tem que alcançar a iluminação ou se sentir completamente renovado depois de realizar uma quebra de padrão, basta se sentir melhor do que antes e ter subido um pouco na escala emocional/vibracional, a qual ilustrarei mais adiante neste capítulo. Acredite ou não, passar de um sentimento de vergonha para um de apatia, ou de raiva para a neutralidade, já é um salto satisfatório do ponto de vista de seu campo de energia. Você poderá sentir o alívio quando uma quebra de padrão puxar o freio de uma iminente espiral negativa. Em sua forma mais simples, esse exercício inteligente funciona como uma pausa intencional divertida e forçada que o estabiliza para o que quer que você reflita ou faça em seguida.

Aviso: Gatilhos a Seguir

Com você sabe, um gatilho é qualquer estímulo que o leve a relembrar, de uma maneira negativa, uma experiência perturbadora, mas vamos olhar para eles no contexto das quebras de padrões. Quando você é impactado por um gatilho, o estímulo por si só pode parecer inofensivo para outra pessoa, mas a *sua* reação é tudo, menos isso. Nada é um gatilho, a menos que sua mente atribua essa identidade, seja consciente ou inconscientemente. O gatilho pode ser um cheiro, um som, uma conversa, um lugar, uma voz, uma memória, um nome ou simplesmente o ato de se olhar no espelho e não gostar do que vê. Seu cérebro se agita, dizendo: "Você nunca vai ser feliz, perca peso, ganhe mais dinheiro, sinta-se seguro..." E esse ciclo torna seu campo pesado e deve ser interrompido e redirecionado, e é aí que a quebra de padrão entra.

Os gatilhos são poderosos porque são uma grande parcela das histórias que contamos a nós mesmos sobre o mundo em que vivemos. Os gatilhos derivam de programações passadas e influenciam nossas crenças, nossos pensamentos e sentimentos. Muito de nossa fisiologia é construída para a autoproteção, e se nosso cérebro está envolvido na tarefa de nos manter seguros, a melhor maneira de ele fazer isso é por meio da memória. Se você queimar sua mão no fogão, sua mente associará fogão com calor. Você sempre pensará: *Se este fogão esteve quente antes, ele vai estar quente novamente* — não importa se o fogão está ligado ou não. A menos que você supere o trauma que está relacionado ao fogão ser quente, reagirá como se ele estivesse quente toda vez que chegar perto dele. Dito isso, eu tento não pensar em gatilhos como coisas "ruins", como um sinal que você não está curado ou como um bloqueio de manifestação. Em um mundo ideal, todos nós daríamos um passo objetivo para trás e ressignificaríamos nossos gatilhos como feedbacks interessantes. Quando você se sente impactado por um gatilho, o que diz para si mesmo? Os gatilhos aparecem para que você possa resolver as crenças principais deles e seguir em frente manifestando uma vida feliz. Eles são mensagens que nos dizem o que está pronto para ser entendido e transmutado.

Um exemplo comum de como usamos um gatilho para nos ajudar a nos sentir seguros — quando, na verdade, ele faz o oposto — é como muitos de nós autossabotamos relacionamentos românticos. Depois de sair de um casamento abusivo, minha amiga Brenda teve dificuldades para achar uma parceria estável, mas ela não sabia a razão. Como alguém de fora, no entanto, era óbvio para mim que ela continuava recriando cenários disfuncionais familiares em seus novos relacionamentos para se sentir confortável. Por exemplo, logo após Brenda ter intimidade com um homem pela primeira vez, ela se fechava. A intimidade era um gatilho para Brenda porque, em seu casamento, esse era o único jeito pelo qual ela se sentia conectada e amada pelo ex, mesmo quando ele a ignorava em seguida. Para se proteger de uma futura indiferença, Brenda se afastava dos novos parceiros primeiro — na teoria, antes que eles tivessem a chance de fazer isso com ela —, e sem querer isso os fazia terminar o relacionamento. Sexo era um gatilho implacável para Brenda, e ela não foi capaz de encontrar um parceiro duradouro até reconhecer o fato e desembaraçar sua programação. Quando finalmente conheceu o rapaz com quem por fim viria a se casar, ela estava bem adiantada no processo de cura e, toda vez que se sentia insegura depois do sexo, batia palma três vezes antes de fazer um registro e desembaraçar sua energia. Logo Brenda se tornou capaz de ter um relacionamento livre, vulnerável e honesto com o novo parceiro, e eles ainda estão juntos.

Até você ter lidado o suficiente com seus traumas e programações, os gatilhos parecem lembretes angustiantes de seu passado que são imprevisíveis, gigantescos e têm a capacidade de fazer com que você exagere mentalmente (com crenças e pensamentos falsos), emocionalmente (ao, digamos, chorar ou sentir medo), ou fisicamente (como vomitar ou tremer). E se você deixar as coisas correrem soltas, todas essas reações terão repercussões energéticas. Porém, quando recorre a uma quebra de padrão, você ergue um muro em sua mente que impede sua psique de cair na reação emocional automática e negativa. Você também impede que frequências relacionadas que estão atreladas a essa resposta sejam disparadas para que possa processar e reformular a situação usando a energia que é para seu bem maior. A neurociência mostra que seu cérebro pode acolher cada vez mais as frequências associadas com quebras de padrões como sendo o novo normal. Da próxima vez que usar uma quebra de padrão, seu estado se elevará um pouco mais do que da última vez em que você se beneficiou disso. Consequentemente, você deixará completamente de ser sensível ao gatilho, e sua energia poderá então ser usada para ajudar você a viver de uma maneira mais saudável e mais feliz.

Gatilhos, Grandes e Pequenos

Enquanto estamos falando sobre gatilhos e como eles se relacionam com a quebra de padrões, vale a pena mencionar que gosto de dividir gatilhos provenientes de programações passadas em duas categorias: macro e micro. Um macrogatilho é óbvio e perturbador. Com ele, você experimenta um som, cheiro, gosto ou um episódio que o pega de surpresa — talvez sua mãe grite com você ou você sinta o cheiro familiar de uma colônia —, e quando isso acontece, você sente uma mudança imediata para uma emoção mais baixa do que estava sentindo originalmente. Um microgatilho, por outro lado, chega de mansinho. Digamos que você veja seu parceiro olhando para seu bumbum com uma cara estranha, e então, cinco horas depois, você se pega pensando se deveria fazer uma série de agachamentos ou comprar uma calça jeans nova porque, de repente, sente-se complexada com sua aparência. Um microgatilho ainda altera o seu emocional, mas você não reconhece de imediato a origem dele. É necessária uma investigação autorreflexiva para descobrir.

Por meio dos registros, você se tornará cada vez mais consciente de seus macro e microgatilhos, mas só precisará fazer uma quebra de padrão quando enfrentar os macrogatilhos. Eles são mais fáceis de reconhecer em seu campo no dia a dia, já que os microgatilhos são mais sutis e crônicos. Por fim, você será capaz de notar e lidar com os microgatilhos, mas, por ora, é o suficiente tomar consciência dos gatilhos mais aparentes para que possa adquirir o hábito de elevá-los.

Toda essa conversa de macrogatilhos e quebras de padrões me faz pensar na vez em que meu marido e eu estávamos tendo uma conversa intensa sobre recursos para um investimento. Geralmente, nós ficamos animados por embarcar em novas aventuras, mas estávamos enfrentando barreiras logísticas nesse projeto, e nossa discussão começou a ficar desconfortável à medida que se estendia. Finanças podem ser um macrogatilho assustador para mim devido ao meu passado e às minhas programações, e me ver ficando aborrecida é um macrogatilho para meu marido, já que sua criação faz com que ele fique desconfortável diante de conflitos. Então, quando percebi que estava ficando frustrada a respeito de nossa situação e notei meu marido se ajeitando na cadeira, soube que tínhamos que fazer uma quebra de padrão. Nós fizemos um rápido registro e uma sessão de desembaraçamento de energia, que levaram apenas alguns minutos, porque nós já usamos os oito segredos há tanto tempo, que esse processo se tornou uma segunda natureza para a forma como nos comunicamos. Quando terminamos, decidimos que nossa quebra de padrão seria simplesmente mudar nossa conversa para uma área de crescimento de nossa empresa, que aparentemente não tinha relação com o assunto anterior, mas era bem empolgante e alto-astral. Aproximadamente 25 minutos depois, recebi um e-mail de um doador oferecendo uma grande quantia de dinheiro — mais até do que nós estávamos desejando! Ao focar uma conversa com vibração mais alta e deixar de lado a discussão pesada em que poderíamos ter entrado, meu marido e eu quebramos o fluxo negativo e redirecionamos nossos estados emocional, energético e mental para outros mais leves e mais fortalecedores. Nós manifestamos um resultado prático e proveitoso que foi melhor do que estávamos esperando!

Quando Usar Quebras de Padrões

Como tenho certeza de que você percebeu, as quebras de padrões podem ser usadas toda vez que você sentir que está enfrentando um gatilho. Talvez o gatilho inicial seja tão surpreendente, que, para fazer sua mão parar de tremer e sua mente se concentrar até mesmo em um registro, você tem que parar e fazer dez polichinelos primeiro. Se um gatilho põe você para baixo, será difícil resolver um problema com a mesma mentalidade que o colocou nessa situação em primeiro lugar. Minha cliente MaryAnn, por exemplo, havia acabado de se divorciar quando seu carro quebrou na estrada. Para ela, isso foi mais do que um acidente, foi um evento desencadeador que a lembrou de quantos problemas ela precisava resolver agora, sem o marido. Em vez de tentar fazer um registro em meio a um tsunami de lágrimas, ela parou para cantar a canção "I'm a Yankee Doodle Dandy" primeiro! Foi algo tão bobo, que fez com que ela sorrisse, se acalmasse e se posicionasse mental e energeticamente para continuar com seu registro e com o processo de desembaraçamento de energia enquanto esperava o reboque para ajudá-la. Ela usou uma quebra de padrão para auxiliá-la a encontrar um momento de clareza e a habilidade de alterar seu estado para que sua energia fosse focada em se curar e enfrentar seu problema a partir de uma frequência elevada.

As quebras de padrões são úteis uma vez que você começa a limpar sua energia também. Você pode achar que as perguntas que faz a si mesmo durante o registro e o trabalho em cima de sua persona para desembaraçar a energia trazem lembranças e sentimentos difíceis, não importa o quanto você tente ficar curiosamente impessoal, então é útil fazer uma pausa para usar uma quebra de padrão rápida para difundir essas emoções. Minha amiga Genny uma vez me contou uma história sobre como, quando ela era mais nova, sua mãe a humilhava por ganhar peso. Isso deixou uma marca permanente nela, e, na idade adulta, Genny se esforçou bastante para abraçar suas curvas naturais, apesar dos insultos da mãe. Em um certo verão, Genny viajou com as amigas para a Flórida. Quando chegou a hora de ir para a praia, Genny optou por ficar com sua saída de praia enquanto suas amigas, todas de biquíni, insistiam que ela a tirasse e se divertisse. A intenção delas era amável, mas quanto mais as amigas de Genny a incitavam a tirá-la, mais chateada ela ficava. Genny decidiu pegar bebidas para o grupo como uma desculpa para fugir da atenção delas e, enquanto caminhava até o bar, ela começou a refletir sobre por que ela queria tanto desaparecer. Na metade do registro, ela viu que estava vivendo no passado e ficou ainda mais aborrecida. Ela sentiu raiva da mãe *e* das amigas e não conseguia diferenciá-las. Confusa e sobrecarregada, Genny usou uma quebra de padrão: ela fechou os olhos, respirou fundo cinco vezes e ergueu a cabeça na direção do sol. O calor, a brisa do mar e o ar fresco ancoraram

Genny o suficiente para que ela terminasse seu exercício e retornasse para perto das garotas. Ela não estava pronta para tirar a saída de praia, mas conseguiu aproveitar o resto da viagem com uma nova perspectiva.

Você também pode finalizar o processo de registro e desembaraçamento de energia usando uma quebra de padrão como um *grand finale* que dá para a sua energia um estímulo merecido. Isso funciona bem quando você quer se aprofundar para entender primeiro uma persona, permitindo que ela surja sem quebrar a energia que está causando sua dor. Quando uma cliente chamada Kim foi a um de meus eventos, ela sentiu um gatilho enorme devido às outras pessoas estarem recebendo o reconhecimento que ela almejava. Percebi que ela estava agindo estranho — sentada na beira do sofá, fazendo comentários maldosos em voz baixa —, mas deixei isso passar para que tanto eu quanto ela pudéssemos reunir mais informações sobre a persona que ela estava usando. Depois de algum tempo, Kim levantou a mão e choramingou: "Quando você vai *me* ajudar?" A essa altura, eu tinha "provas" suficientes de que Kim estava interpretando uma persona da infância, que buscava chamar a atenção, então fazia sentido finalizar o registro dela e o desembaraçamento com uma quebra de padrão. Chegamos a uma meditação guiada que permitiu que Kim entrasse em seu coração e se sentisse vista. Melhor ainda, ela levou esse exercício para casa para usar quando sentisse um gatilho e, em pouco tempo, Kim relatou alegremente que sua persona carente apareceu cada vez menos nos meses que se seguiram.

Uma última opção é usar uma quebra de padrão como uma prática independente quando seu gatilho é pequeno ou familiar, se não há muito a fazer sobre o assunto ou se você não tem tempo de fazer uma sessão completa de registro e desembaraçamento quando é provocado. Se uma conversa sobre o desleixo de seu colega de quarto é um tópico que causa um gatilho alguns dias por semana, você provavelmente não precisará registrar nem desembaraçar isso toda vez que ele deixar as meias no chão da sala de estar. Neste caso, sair para dar uma corrida breve, ou até mesmo pegar suas próprias meias e fazer um teatro de fantoches para dar risada — e resolver qualquer sentimento de frustração que esteja na sua mente — é o bastante. Uma quebra de padrão independente pode também ser útil se você precisa acalmar seus nervos agitados antes de ir para uma reunião no trabalho — uma oração rápida para seu anjo da guarda pode ajudar. Entenda, o gatilho é estressante, mas sua resposta será moderada o suficiente para adiar um registro para depois da reunião.

Tudo Isso Está na Sua Cabeça

Ao mesmo tempo que as emoções não são medidas facilmente, seu padrão natural para gatilhos acontece no sistema límbico de seu cérebro, que controla a reação de lutar-fugir-paralisar e parece ocorrer quase que instantaneamente. Todavia, como seu sistema límbico é parte do seu cérebro, você tem a habilidade de alterar como ele interage com as quebras de padrão. Assim, em vez de ter uma reação negativa automática a um gatilho que vem de suas programações passadas, a quebra de padrão ensina o cérebro a experimentar um gatilho para, em vez disso, **receber** uma quebra de padrão e então fazer uma escolha consciente de qual é sua reação preferida. A quebra de padrão serve como um momento para o cérebro respirar fundo antes de cair no padrão do modo lutar-fugir-paralisar. Ela também impede que vias neurológicas que já foram criadas, e que são constantemente ativadas por estímulos, recebam a mesma carga elétrica que até agora influenciou suas crenças, seus pensamentos e sentimentos. Lembre-se, é por isso que aparentemente temos respostas "automáticas" para a maioria dos gatilhos, a via negativa já está predefinida. Porém, como as quebras de padrão difundem emoções e alteram sua energia, a influência de seu trauma e de suas programações passadas diminuem, fazendo com que vias novas e aprimoradas substituam as negativas.

Usar uma quebra de padrão é uma escolha poderosa que o coloca no controle de seu futuro. Você não é uma vítima de seu passado ou de qualquer sentimento consequente dele. Na verdade, os neurocientistas descobriram que a vida útil fisiológica de uma emoção no corpo e no cérebro é de apenas noventa segundos. Isso mesmo! Noventa segundos! Uma sensação aparece, atinge seu auge e se dissipa sozinha. E então, depois desse período de noventa segundos, é você que *escolhe* se apegar a essa emoção, seja uma decisão do subconsciente ou não. De qualquer forma, toda vez que você der lugar a essa emoção ou reação, você a recicla, reforça e amplifica. A via dessa emoção é ativada novamente. É seu cérebro quem conduz as manifestações, mas quando você o vê como um órgão que pode ser reprogramado com quebras de padrões, é você quem assume o controle.

Subindo!

Seu campo energético responde a diferentes emoções em ritmos distintos. Então, quando você está usando os oito segredos para estabelecer um alicerce para uma manifestação sem esforço, uma das coisas que está fazendo é lutar por emoções mais elevadas que emitem vibrações mais altas, as quais o universo pode igualar com objetivos em seu bem maior. No início do capítulo, mencionei que um dos objetivos da quebra de padrão é fazer com que você suba na escala emocional/vibracional. Ao subir nessa hierarquia, mesmo que pouco, você está elevando seu estado emocional e vibracional para facilitar a manifestação.

Aqui está a progressão de emoções, listadas das frequências mais elevadas até as mais baixas que elas emitem. Eu sugiro copiar isso em um pedaço de papel e prendê-lo em cima de seu computador ou na porta de sua geladeira para facilitar a consulta. Desse jeito, você pode verificar sempre que quiser combinar seus sentimentos às suas frequências respectivas e entendê-las dentro do contexto de outras emoções.

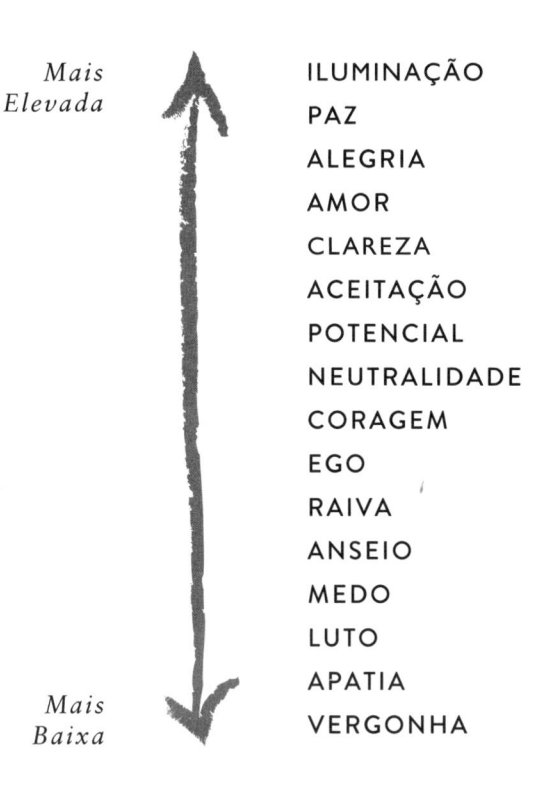

Mais Elevada

Mais Baixa

ILUMINAÇÃO
PAZ
ALEGRIA
AMOR
CLAREZA
ACEITAÇÃO
POTENCIAL
NEUTRALIDADE
CORAGEM
EGO
RAIVA
ANSEIO
MEDO
LUTO
APATIA
VERGONHA

Então, como a escala emocional/vibracional funciona dentro do contexto da manifestação? Para deixar as coisas simples, tudo o que você precisa saber é que emoções mais elevadas, como amor, paz e alegria, têm campos vibracionais mais elevados, ao passo que a vergonha e a raiva vibram em um ritmo bem lento. O objetivo de um manifestante eficaz é mover as partículas energéticas em seus campos em um ritmo mais veloz ao subir na escala emocional/vibracional, que se desloca das emoções mais baixas e densas para emoções mais elevadas e leves. A razão para garantir que você está sempre subindo essa escala é para que você possa mover as partículas em um ritmo mais acelerado e manifestar de um jeito mais rápido e positivo.

Em outras palavras, subir a escala permite que você manipule a matéria mais rápida e facilmente, e sempre para seu aperfeiçoamento e com o bem maior de todos em mente. O contrário significa que, quando você não interrompe uma onda energética que cria um campo denso, isso pode sabotá-lo por semanas ou até mesmo meses. Tudo ao seu redor também reagirá ao seu campo mais baixo. É verdade que você pode sorrir o dia todo e forçar uma felicidade do tipo "minta para si mesmo até acreditar", o que pode melhorar seu entrosamento com as outras pessoas, mas o que deve vir de você é uma emoção genuína para elevar sua vibração de maneira eficaz. A verdade é que, quando o cérebro acredita que algo é mentira, a manifestação não funciona. Simples assim. Seu espírito, suas crenças e sua mente, todos têm que estar de acordo, caso contrário, sua consciência não acreditará que é possível manifestar aquela realidade. Ela pode se tornar tão opressivamente desencorajada, que acaba com sua habilidade de criar o que quer que seja. No entanto, se uma parte de você sente que um objetivo *pode* se concretizar, mesmo que ligeiramente, então ela aumenta um pouco sua vibração para fazer isso acontecer. O jeito mais fácil de fazer isso é se colocando no estado emocional que você espera que aquele objetivo possa criar. Você vai querer subir na escala vibracional para deixar de ver uma situação como algo impossível de se alcançar; o cérebro logo trabalhará com você, ao invés de contra você.

Agora que você está mais apto a controlar e manipular os gatilhos, acho que é hora de um pouco de amor-próprio. É importante incutir tudo que você faz com amor de verdade, e especialmente com o amor--próprio, porque ele o ajuda a se lembrar de que você é parte de um conjunto de amor muito maior e incondicional. Ao perceber isso, sua vibração se suaviza, e você se abre para uma aceitação maior a todas as coisas — incluindo a si mesmo. É a partir dessa frequência que manifes- tações incríveis acontecem.

Dicas e Lições

- Há três tipos de quebra de padrões: física, espiritual e mental/emocional.

- Com uma quebra de padrão física, seu corpo altera a experiência emocional de sua mente.

- Quebras espirituais tanto invocam um poder superior quanto usam sua alma para alterar sua frequência.

- Quebras de padrão mentais/espirituais interagem com um ou mais de seus sentidos.

- Os gatilhos são poderosos porque são parte das histórias que contamos a nós mesmos sobre o mundo em que vivemos. Os gatilhos derivam de programações e influenciam nossas crenças, pensamentos e sentimentos.

- Use a quebra de padrões para difundir sentimentos complicados que aparecem durante o registro e o trabalho com a persona.

- Quebras de padrão ensinam o cérebro a respirar fundo antes de cair no padrão do modo lutar-fugir-paralisar.

- Quebras de padrão o empurram mais para cima na escala emocional/vibracional para facilitar a manifestação.

- Amor, paz e alegria têm campos vibracionais altos; medo, vergonha e raiva vibram de forma mais baixa.

- Subir na escala permite que você manipule a matéria de maneira mais rápida e fácil, sempre para seu aprimoramento.

Mais Recursos e Downloads Gratuitos[1]

Se você gostou deste capítulo, eu criei um PDF disponível para download chamado *"The Ultimate Guide to Pattern Interrupts: Visual, Auditory, and Kinesthetic"* [O Guia Definitivo para Quebras de Padrão: Visual, Auditiva e Cinestésica, em tradução livre], que revela meus tipos favoritos de quebras de padrão que uso quando enfrento algum gatilho.

Faça o download de graça no site www.authenticliving.com/gifts.

---

[1] Todos os conteúdos bônus presentes no final dos capítulos estão disponibilizados em inglês. A Editora Alta Books não se responsabiliza tampouco gerencia o conteúdo adicional oferecido exclusivamente pela autora da obra.

Capítulo 7

Segredo nº 4

BUSQUE O AMOR-PRÓPRIO

Lá em 2016, quando eu estava fazendo pesquisas e testando a eficácia de minhas técnicas de terapia e coaching em um ambiente clínico, fiquei conhecida pela minha habilidade de criar um ambiente para os clientes que permitia que eles diminuíssem, em porcentagens grandes, a quantidade de tempo de que precisavam para curar as causas raiz psicossomáticas de suas condições de saúde. Apesar de minhas práticas e metodologias serem sólidas, acredito que o grande contribuinte para meu sucesso era algo muito menos tangível do que os intelectuais ao meu redor suspeitavam. Acredito que o ponto-chave para tanta cura era o *amor*. E ir em busca do amor-próprio é o próximo segredo que desvendaremos.

Enquanto estava no centro médico, lembro-me de ter discutido minhas técnicas com uma enfermeira psiquiátrica maravilhosa que me acompanhava de perto para que pudesse aprender minha metodologia. Repassei as medidas práticas que eu tomava para ajudar os pacientes — e então a deixei a par de como incutir amor em todas elas. Expliquei que, antes de trabalhar com um cliente, eu me colocava em um estado energético que se fundamentava tanto na intuição quanto no afeto. Eu criava uma energia dentro de mim que permitia que eu amasse profunda e incondicionalmente a pessoa que precisava de mim, além de irradiar a sensação de que eu sabia que eles melhorariam — e eu fazia isso ao tratá-los como se eles *já* estivessem bem e saudáveis. Nunca me ensinaram a agir ou pensar dessa forma; pelo contrário, eu instintivamente sabia que isso era essencial para a cura dos pacientes. Depois de muita discussão, os cientistas e médicos com quem trabalhei concluíram que usar técnicas de comunicação cordiais ajudava os pacientes a baixarem a guarda quando enfrentavam gatilhos traumáticos e padrões de pensamento na raiz das doenças físicas destes. Isso fazia com que eles ficassem mais dispostos e capazes de superar o passado e, portanto, se curassem mais rápido. Também acredito que o subconsciente do paciente, o qual foi construído para proteger, não se sentia ameaçado quando sentiam o amor genuíno ao seu redor. A alta energia vibracional do amor fazia com que nossos clientes se sentissem seguros e prontos para criarem essa poderosa frequência e emoção dentro de si mesmos.

Sei que pode soar piegas e talvez até irrealista dar crédito a algo tão efêmero como sentir amor em um ambiente clínico por causar uma melhoria em longo prazo depois que a pessoa sai do hospital. Porém, de novo, o tipo de amor ao qual estou me referindo é uma emoção de alta frequência e um sentimento altamente memorável, e quando você se sente incondicionalmente aceito e cuidado, com nenhum outro objetivo em mente a não ser o seu bem-estar, seu desejo de proteger a si mesmo de gatilhos traumáticos e de suas personas se desfaz. Quando eu via esses pacientes como pessoas que foram criadas com perfeição e com profunda aprovação de tudo que eram, a energia positiva que eles sentiam era ao mesmo tempo visível e repleta de um amor que eles diziam nunca ter experimentado. E quando sentiam essa aceitação incondicional, eles conseguiam internalizá-la, amar a si mesmos e finalmente se verem como seres perfeitos abaixo de Deus. O amor-próprio é sempre a nossa emoção utópica, já que há um limite para quanto amor nós podemos sentir vindo de fontes externas. Quando você acredita de verdade que é uma criação humana perfeita e que é merecedora de seus desejos, é capaz de romper muitas das falácias e programações da psique que foram reforçadas ao longo do tempo. Você sentirá mais uma vez uma verdade nítida e pura por meio dessa conexão.

A lição sobre amor-próprio vem depois do trabalho ininterrupto de registrar, desembaraçar as energias e usar a quebra de padrões, porque, a essa altura, você está preparado emocional e energeticamente para experimentar e reconhecer essa vibração bastante elevada. Não é uma sensação que se pode fingir, e para essa frequência ressoar com o universo, suas emoções têm que ser autênticas. Você também fez muito trabalho mental até agora, e aprender sobre o amor-próprio serve como uma boa pausa entre esses exercícios. Esse é um ótimo lembrete de que o processo de manifestação também pode ser bom e divertido! Eu sempre digo que meu trabalho cresceu e chegou ao que é hoje porque ele é divertido e gratificante, e acrescentar a maior quantidade possível de amor ao processo apenas amplifica a magia de uma manifestação rápida. Em breve, o amor se tornará seu modo natural de ser. O que começou como uma meta proativa se tornará sua realidade.

Neste capítulo, explicarei como praticar o amor-próprio e cercar-se de amor incondicional elevará sua vibração, oferecerá uma frequência suprema que atrairá seus desejos, acalmará suas vias neurológicas, transformará seu modo de ver o passado e o levará de volta a um estado de centralidade e conectividade que permite que a vida entre calmamente nos eixos. E já que o amor incondicional está próximo à frequência da iluminação na escala emocional/vibracional, quando você é capaz de internalizar essa emoção, a manifestação se torna muito mais fácil. Há anos venho canalizando que o próximo passo para a humanidade é incorporar o amor incondicional, que ajudará a elevar a consciência coletiva no nosso planeta. Isso também ajudará na realização de seus maiores desejos e alinhará você com a entrega do universo do bem maior para todos.

Tudo de que Você Precisa É de Amor-Próprio

Aprendi que, para aqueles que recusam ou simplesmente não o sentem, o amor demonstrará comportamentos que derivam de sentimentos de escassez, inautenticidade e perda. Eles podem focar autoproteção ou até mesmo agradar pessoas, em vez de operar a partir do seu eu mais elevado e de seu estado energético e emocional mais nítido, porque seus pensamentos e suas ações não derivam da fé. Acreditar na possibilidade de mudança é o centro de cada esforço de manifestação. Então, percebi que, se eu posso ajudar você a ver seu valor, sua perfeição e seu propósito utilizando o amor — em outras palavras, ajudar você a se sentir aceito e adorado, que é o oposto do sentimento de escassez e perda —, então suas crenças fortalecidas e suas respectivas frequências mais elevadas se inserirão em sua mente e em seu campo de energia. Você sentirá essa nova verdade com muita força, e ela ressoará com quem você é bem no fundo de sua alma.

Agora, não importa o quanto eu o lembre de que você é um ser humano perfeito e amado, a realidade é que você não pode sentir minha energia a partir das palavras contidas nesta página do mesmo jeito que, digamos, meus pacientes da Noruega sentiram, ou como um participante de meus eventos o faz pessoalmente. Antes de escrever este livro, eu pedi a Deus que ajudasse você a sentir meu amor à medida que o lesse, mas espero que você assuma a tarefa de absorver o que estou dizendo, internalize esse amor e sinta-o por si mesmo. Porque, quando o assunto é manifestar, eu passei a acreditar que o amor-próprio é o motor que abastece o potencial ilimitado de diversas formas. Ele o coloca em uma vibração elevada onde a criação ilimitada é possível e permite psicologicamente que você sonhe com o que quiser ao mesmo tempo que aceita a possibilidade de que tudo pode acontecer porque você acredita que é digno de receber qualquer coisa. Pare por um momento e pergunte a si mesmo: se você pudesse fazer qualquer coisa, e não lhe faltasse nada, o que faria por você e pelos outros? Essa é questão que todos os manifestantes que praticam o amor-próprio buscam todos os dias.

Por outro lado, quando você é privado de amor, vive em um estado de sobrevivência básica com todas suas prioridades construídas em torno de evitar a dor, em vez de correr em direção ao amor. Quando nossa vida não está do jeito que gostaríamos, nos afastamos do amor — apesar do fato de que o amor é uma das frequências mais poderosas que nos permite criar o que quisermos. Contudo, se seu mundo não está do jeito que imaginou, você pode sentir vergonha, arrependimento e/ou repulsa e começar a se ver como alguém fundamentalmente falho e indigno. Você experimenta contradições vibracionais de amor que são originadas dos sentimentos de medo, perda, incapacidade e carência. Agora, para consertar isso, você não pode simplesmente despejar amor sobre um trauma ou ferimento antigo, é preciso escavar os escombros de sua programação para poder processar e manifestar de um estado limpo e de amor. Sua pá, por assim dizer, é obviamente o conjunto dos oito segredos que você está aprendendo neste livro — especialmente os processos de registrar e desembaraçar as energias. A partir de agora, seu coração se abre para a ideia de amor-próprio e o encoraja a fazer escolhas alicerçadas na alta vibração que provém de limpar seu passado e começar de novo com base em um ponto de vista livre e perfeitamente vulnerável.

Nunca me esquecerei de um cliente que chamarei de Brian, o qual compareceu em um de meus eventos da Authentic Immersion durante dez dias. Na hora, tive um pressentimento de que ele havia sofrido algum tipo de trauma sexual (tenho um sexto sentido para farejar isso). Por fora, Brian era "o cara": ele tinha uma linda família, uma saúde excelente e uma atitude positiva. Porém, instintivamente senti que ele estava sofrendo por dentro. Perto do final do retiro, Brian compartilhou que, quando era pré-adolescente, ele molestou um vizinho. Isso ocorreu uma vez e arruinou toda a vida emocional dele até o momento em que compareceu ao meu evento. Você pode imaginar a culpa e a vergonha que Brian sentia — sem mencionar o sentimento tremendo de autodepreciação que se infiltrou em sua programação. Ele se sentia indigno de uma vida boa e via a si mesmo como um monstro. Embora Brian pensasse que estava fazendo todas as coisas certas para afastar a dor usando o amor — comer bem, ficar em forma, descansar, ficar na companhia da família —, nada disso o curava, porque suas táticas de superação pessoal derivavam do medo e do sigilo, não do verdadeiro amor-próprio. Brian tentou se moldar na "melhor versão de si mesmo" não porque queria desenvolver quem era e espalhar amor para outras pessoas, mas porque esperava compensar pela pessoa horrível que temia ser.

Brian teve que trabalhar muito registrando, desembaraçando, identificando personas e usando quebras de padrões para que pudesse receber e internalizar o amor da família e das pessoas ao redor, o que consequentemente acabou levando-o a perdoar a si mesmo pelo que fez cinquenta anos antes. Primeiro, no entanto, ele teve que aceitar profundamente que, embora tenha cometido um erro grave, um amor muito maior e incondicional existia para ele e não era baseado em ações ou na falta delas. Assim que Brian acreditou que isso poderia vir tanto dele quanto de Deus, sem sombra de dúvidas ele se tornou capaz de praticar e de realmente sentir gestos de perdão. Ele começou a acreditar quando sua esposa dizia que o amava, a se olhar no espelho sem sentir um horror, a se tratar bem porque sentia que merecia isso, em vez de compensar pela angústia — e começou a experimentar a vibração mais alta que foi gerada ao abraçar o amor-próprio em sua forma mais acessível e genuína.

Quando canalizo a relação entre as programações passadas e nossa habilidade de abraçar o amor-próprio, vejo que os traumas criam um tipo de fracionamento emocional e energético de quem nós somos, mas o amor-próprio pode nos fazer inteiros de novo. Lembre-se, se um trauma intenso o suficiente acontece ou você experimenta uma baixa energia profunda o bastante, mesmo com o passar do tempo, sua psique pode se dividir para ajudar a compartimentar sentimentos relacionados a isso; a partir daí, se você não os enfrentar, criará uma persona que tem um conjunto próprio de crenças temerosas que influenciam seus pensamentos e sentimentos. Assim, você volta para o que foi programado psicologicamente para sentir e fazer, em vez de operar a partir de um estado elevado. O problema óbvio de qualquer coisa baseada no medo é que ele é tão denso, que faz com que a energia ao seu redor desacelere. E embora o medo seja uma reação útil quando você vê um tigre vindo em sua direção, pois isso o motiva a se salvar, essa reação primitiva atrapalha quando você esbarra nela toda vez que é surpreendido — especialmente quando está trabalhando em suas habilidades de manifestação. A coisa mais saudável e mais eficaz para entender sua resposta para a cura em longo prazo é traduzir um sentimento de medo para um de curiosidade. Pergunte a si mesmo: *Por que estou sentindo tanto medo neste momento?* Você não quer fugir do medo, mas transmutá-lo. E se você é capaz de usar a energia poderosa do amor-próprio para encorajar e reforçar esse processo — questionando seu medo com curiosidade por valorizar sua saúde energética e mental em longo prazo —, esse novo espaço mental pode fortalecer as novas e mais positivas vias neurológicas que você está construindo.

Quando o assunto é curar vibrações negativas com amor-próprio, nunca me esquecerei do abraço apertado que recebi de uma mulher chamada Amma, uma "santa hindu dos abraços", quando eu tinha 20 e poucos anos. Enquanto eu permanecia nos braços fortes daquela mulher e ela cantava em meu ouvido, senti que todos meus pedaços quebrados estavam se colando novamente, porque Amma transbordava o amor incondicional, era seu bálsamo mágico. E como o amor de Amma era uma sensação muito boa, cada parte de mim o absorvia; seu aconchego e sua segurança me lembravam de como imagino o que sentia quando era uma alma que tinha acabado de entrar neste mundo, antes que a vida me desgastasse, enterrasse esse amor e o tornasse inacessível por muito tempo. Quando Amma me soltou, percebi que, em contraste com seu amor puro, o que eu estava dando aos outros durante todos aqueles anos não era amor, mas autossacrifício, tentativas de agradá-los e reações emocionais complicadas para a manipulação implacável. Então comecei a fazer com que o autocuidado e o amor-próprio se tornassem uma prioridade para combater essa programação e ensinar a mim mesma o que era sentir e oferecer um amor potente e verdadeiro — e o processo foi como renascer. Quando você se sente novo e inteiro novamente, sua energia se torna puro potencial, semelhante ao que você tinha quando passou a existir. Você passa a não ter nenhuma programação, preocupação ou sentimentos, pensamentos e crenças de baixa vibração. Você apenas emite e sente amor ao seu redor e por dentro, e mesmo que seja difícil de acreditar quando as coisas ficam complicadas, esse estado é o mais natural para nós, e é a partir dele que a melhor manifestação consciente e inconsciente acontece.

Praticando o Amor-Próprio

A princípio, praticar o amor-próprio pode demandar um esforço deliberado. Especialmente se você tem um passado difícil, ele pode não fluir intuitivamente para dentro e ao seu redor. Todavia, acredito que o amor-próprio é tão essencial para a existência humana quanto respirar e beber água limpa, então, no início, você vai querer fazer um esforço conjunto para prover cuidado e compaixão para si mesmo. Com o tempo, você não terá que ir atrás do amor-próprio todos os dias, já que irá senti-lo naturalmente e saberá que ele está em todo lugar. Sua percepção ficará mais clara assim que você desembaraçar um passado que o está cegando para o amor e o amor-próprio. Isso também realmente ajuda a pôr fé em um poder superior, porque Deus é a fonte suprema de amor incondicional. Creio que Deus está em todas as coisas e em todo lugar, o que significa que, não importa o quanto meu mundo material me decepcione, eu ainda estou cercada pelo amor de Deus e sou digna Dele o tempo todo. Se você sabe que não há nada que possa fazer ou não fazer, e ainda assim consegue sentir amor, então você não precisa fazer sua vida girar em torno de receber, conectar-se ou perseguir o amor de maneiras pouco saudáveis.

O amor está à nossa disposição.

Nutrir o amor-próprio não é preparar regularmente para si mesmo um banho de espuma na banheira ou marcar uma pedicure e então voltar para a autoflagelação usual. Em seu nível mais profundo, o amor-próprio envolve confiar em si mesmo, sentir-se conectado com quem você é e com o que você acredita e estabelecer limites quando enfrenta crenças baseadas no medo; esses valores ainda podem conectá-lo melhor com as outras pessoas. Amor-próprio também significa priorizar a paz e falar com si mesmo com carinho, ou pelo menos mais gentilmente, quando estiver para baixo. Estudos fizeram uma ligação do amor-próprio com o aumento de resiliência e de uma habilidade de ver as coisas sob uma nova perspectiva. Toda vez que meus clientes sentem amor-próprio incondicional, eles me contam que se sentem calmos, centrados, gratos e felizes. Eles também se sentem inspirados a manifestar e percebem que se encontram em um estado que lhes permite sentir, experimentar e se tornar a pessoa que não eram capazes de acessar em uma mentalidade mais densa. Esses mesmos estudos mostram que, quando você não pratica o amor-próprio, você sente mais estresse, ansiedade e reatividade a pequenas irritações que outrora poderia ter ignorado. O cotidiano parece uma luta, as tarefas parecem mais sufocantes, e o vazio emocional pode levá-lo a se sentir esgotado e péssimo. Você poderá sentir um vazio ou ressentimento geral em relação aos outros ou a si mesmo também. No entanto, quando você está experimentando diariamente um amor de alta vibração e autêntico, torna-se mais presente para os eventos e para as pessoas com quem se importa, incluindo você mesmo.

Um dos maiores atos de amor-próprio que aprendi a praticar comigo mesma foi a permissão de estabelecer limites. Eu costumava ser complacente em excesso, independentemente do quão saudáveis ou virtuosos eu achava que eram meus esforços. Por exemplo, eu trabalhava quatorze horas por dia, mesmo quando estava doente, tentava manter relacionamentos com homens que me traíam e dava suporte financeiro para qualquer um que precisasse de minha ajuda, mesmo que não merecesse. Até continuei, por um tempo, amiga de um homem que havia sido abusivo comigo! Foi só quando meu marido apontou que eu geralmente me amarrava a relações prejudiciais do passado que percebi que 1) meu costume de agradar as pessoas era uma resposta traumática para evitar conflitos e 2) isso refletia o quanto meu amor-próprio era mínimo. Comecei a bloquear números de telefone, a ter conversas difíceis, mas amorosas, com familiares agressivos e amigos, e a cortar relações com aqueles que me machucaram no passado e não havia mais volta. Estabelecer e experimentar esses limites foi tão libertador, que eu graciosamente mudei meu rumo para a direção oposta, e hoje sou surpreendentemente transparente em todos meus relacionamentos — pessoais, românticos, comerciais e outros. Isso é um grande alívio e abre espaço para que eu dê mais de mim àqueles que merecem. Em alguns momentos, limites desse tipo também criam um espaço para os outros reconhecerem e curarem suas próprias personas, gatilhos e comportamentos prejudiciais — em vez de eu ter que apoiá-los e reforçá-los.

Inúmeros fatores atrapalham você de sentir amor incondicional por si mesmo, mas não se preocupe, porque não deve haver nada que você precise fazer, ser ou experimentar para poder sentir amor. Fazer comparações entre família e amigos — saber como é a casa, o carro ou a família aparentemente perfeita de fulano — espantará a vibração expansiva do amor-próprio porque isso invalida sua verdadeira essência. A falta de amor-próprio também impede que você honre seus valores e viva de um jeito que esteja alinhado com eles. Mostrar-se ao mundo como uma pessoa que fala e vive sua verdade é um sinal notável de amor-próprio e encoraja as outras pessoas a fazerem o mesmo. A alternativa é ficar preso aos seus defeitos ou aos erros ridículos cometidos na presença das pessoas cujas opiniões você leva a sério demais. Assim, você se afunda na autocrítica, na vergonha e na insegurança — que geram uma energia vibracional baixa. Você deve confiar e perdoar a si mesmo em tempos difíceis e sempre defender aquilo em que você acredita.

Se você tem dificuldade em se colocar em uma mentalidade de amor-próprio, pense em tratar a si mesmo com a generosidade, o afeto e a bondade que você demonstraria a um ente querido ou a uma criança. Dessa forma, você poderá falar mais gentilmente e com mais respeito consigo mesmo. Um diálogo interno que deriva do amor-próprio fará com que você passe mais facilmente por uma experiência complicada. Sua voz interior maldosa provavelmente desaparecerá e será substituída por uma gentil e que respeita quem você é. Ela perdoará seus erros e se recusará a ver suas falhas perceptíveis de um jeito abusivo. Você não vai mais se contentar com menos do que merece, porque vai apreciar o seu valor e o de todos os outros seres também.

Descobri que o amor-próprio também pode controlar a depressão e a ansiedade porque ele ajuda você a se perdoar quando os acontecimentos da vida dão errado e a afrouxar a corda do autojulgamento que está em volta de seu pescoço — e ainda ajuda a ver situações perturbadoras sob uma perspectiva mais animadora. Minha cliente Bella tinha o que achava que era um passado horrível: o irmão dela morreu de overdose, a mãe dela faleceu jovem, ela terminou um casamento abusivo, e seu filho sofria de um trauma devido àquele casamento. Essas afrontas cumulativas faziam com que fosse difícil para Bella levantar da cama pela manhã; a depressão e a ansiedade eram difíceis de suportar. Não demorou muito para lidar com a programação de Bella uma vez que ela ficou pronta para incutir seus dias com amor-próprio. Ela fez isso ao mirar especificamente as raízes de sua depressão e ansiedade. Bella percebeu que sua depressão fora causada, na maior parte, pela culpa que ela sentia pelo trauma de seu filho e pelos problemas financeiros causados pelo divórcio. As atividades de amor-próprio de Bella, então, tinham o objetivo de contra-atacar isso: ela planejou horas de lazer com o filho, que demonstravam seu amor por ele e a faziam se sentir bem por tomar a inciativa, e quando ela sentia um gatilho ao verificar sua conta bancária, lembrava a si mesma de que seu poder superior a amava de maneira suprema e sempre tomaria conta dela. Bella também percebeu que, se pudesse gerar mais amor em sua vida, ela seria capaz de dá-lo de presente para o filho, e embora não pudesse mudar o passado traumático, poderia impactar positivamente o futuro dele. Seus planos e lembretes sinceros eram simples gestos de amor-próprio, mas não deveriam ser subestimados. Desde então, ela se tornou uma *life coach* de sucesso, e seu filho se tornou um mentor para crianças que sofrem *bullying* na escola. Ao estimular o amor-próprio do filho, ele agora o oferece para outras pessoas.

Dito tudo isso, o que eu não encorajo é o egoísmo disfarçado de amor-próprio. Essas prioridades geralmente são confundidas, especialmente porque estamos em um momento sociológico em que colocar suas necessidades em primeiro lugar e salvar a si mesmo a qualquer custo são consideradas rotas aceitáveis para a felicidade. Quantas vezes você ouviu alguém dizer que deveria fazer o que quisesse, contanto que o resultado o deixasse feliz, confortável e despreocupado? O dilema aqui é que qualquer busca por alegria que não vem de procurar o bem maior de *todos* carrega uma baixa frequência. Uma de minhas citações favoritas da autora L. R. Knost é essa: "Cuidar de si não significa 'eu primeiro'. Significa 'eu também'." E eu sinto que isso é muito verdadeiro e é aplicável especialmente aqui. O ego pode ser sorrateiro, então sempre seja guiado pelo seu coração e pela sua intuição ao fazer qualquer tipo de escolha baseada na satisfação. Atitudes egoístas que você decide chamar de autorrealização não são honradas como amor-próprio. Amor-próprio envolve definir padrões admiráveis que respeitam suas necessidades *e* as necessidades dos que estão ao seu redor. Quando você se ama, tem mais compaixão pelos outros e vê a transferência genuína que acontece *versus* chamar alguma coisa de amor, quando, na verdade, não é.

Dê a Si Mesmo um Pouco de Amor

Se você for como eu era anos atrás, é difícil começar a se amar de repente, e pode não saber por onde começar. Pode ser necessário fazer alguns gestos de autocuidado para externar esse sentimento de afeto de um jeito que realmente cause impacto em seu campo vibracional. Para praticar o amor-próprio, gosto de começar pelo básico. Até agora, você começou a entrar em contato consigo mesmo — cada vez mais consciente do que pensa, sente e deseja —, o que significa que você está pronto para se nutrir de forma elementar. Comece com esforços básicos de amor-próprio como uma nutrição adequada, realização espiritual, um bom descanso, intimidade e interações sociais saudáveis. Esses hábitos acabarão florescendo na forma de atividades como cozinhar, tirar cochilos, sessões de abraços, dar jantares divertidos, meditar e ver seus amigos. Autocuidado significa fazer o que é preciso para se sentir bem e se manter em alta estima, e então praticá-lo sempre que precisar melhorar seu humor e elevar sua energia. É um presente extraordinário que você pode dar a si mesmo constantemente e que nunca sai de moda, especialmente quando você tem múltiplas opções ao seu dispor.

Assim como a quebra de padrões, descobrir quais exercícios de autocuidado funcionam melhor para você é algo muito pessoal. Seja criativo, e se um exercício não servir, tente outro! Pense no que você se sente naturalmente inspirado a fazer — talvez ver um vídeo de ioga, assistir a um filme, aconchegar-se sob um cobertor — e deixe a intuição ser seu guia. Uma de minhas atividades favoritas de amor-próprio é criar um mural do amor. Ele é similar a um mural ou um quadro de visualização comum, exceto que nesse você fixa fotos de seu passado e de seu presente que o lembrem de todas as pessoas, lugares e coisas que você ama. Elas podem ser fotos em família, da sua casa, comidas de datas comemorativas, animais de estimação e outros símbolos de conquista, afeto, alegria e paz. Murais do amor são lembretes poderosos de que muito do que aparece diante de você é resultado de uma manifestação feita em uma frequência gerada pelo amor. No meu mural do amor, tenho fotos de meus workshops, de meu marido e das crianças, uma foto minha no topo de uma montanha, fotos de pinturas feitas por clientes agradecidos e das crianças das Filipinas que nós ajudamos por meio da filantropia. Cercar-me dessas imagens de amor me lembra do quanto tenho sorte por servir aos outros e faz com que eu me sinta digna de dar amor para mim mesma também.

Outra atividade popular que desencadeia o amor-próprio em meus clientes é fazer uma atividade de autocuidado que você fazia na infância, quando sua energia estava em seu estado mais claro e puro. Atividades desse tipo podem incluir andar descalço na grama fresca, andar de bicicleta em uma rua sem saída e molhar biscoitos no leite enquanto assiste sua série favorita. Quando eu tinha 7 anos, costumava preparar uma xícara de chá descafeinado, balançar meus pés na piscina do quintal da casa de minha mãe e conversar com Deus sobre tudo e todas as coisas. Eu orava pelos meus amigos, agradecia a Deus pela minha vida e batia um papo sobre o que estava acontecendo ao meu redor. Ainda faço isso hoje em dia como um exercício de amor-próprio e para voltar à inocência e ao amor que eu sentia quando era mais nova, para poder incorporá-los agora.

O Poder da Energia do Amor

Cada um de nós tem um campo de energia grande e dominante que emite a maioria das frequências que se comunicam com o mundo ao nosso redor — mas, dentro desse campo maior, há campos menores que contribuem para todo coletivo. Acredite ou não, o campo de energia e a saída de frequência de seu coração são muito mais fortes do que os que estão em seu cérebro, cuja energia é menor e mais densa. É por isso que, apesar de meu foco em fortalecer e construir caminhos neurológicos, é igualmente importante adentrar em seu espaço do coração quando estiver manifestando. E como a frequência do amor é muito poderosa em geral, é por isso que o campo energético do coração também pode ser usado para estimular a cura.

Nunca me esquecerei de quando eu trabalhava com pacientes em uma clínica na Noruega, quando aconselhei uma mulher lituana que fora sequestrada quando era adolescente e então brutalmente estuprada na floresta. Ela veio até nós com sérios problemas cardiovasculares, a ponto de o coração já estar falhando. A mulher não falava nada de inglês, então nós trabalhamos com a ajuda de um tradutor, e também havia diferenças culturais para serem superadas; isso significava que a maior parte do amor que a paciente sentia precisaria ser visceralmente experimentado, em vez de ser ouvido ou interpretado, para que impactasse nossas sessões juntas. No início, presumi que o problema cardíaco da mulher poderia ter sido causado pelo estupro, mas ela insistiu que passou por dez meses de terapia intensa para processar seus sentimentos, e depois da minha própria avaliação, para mim ela parecia bem. Então, minha equipe de pesquisa e eu passamos a usar uma máquina de espectroscopia molecular, desenvolvida por um instituto governamental em Moscou e usada em hospitais ao redor do mundo. Esse instrumento lê os movimentos moleculares e interpreta o padrão de frequência dos movimentos; ele foi capaz de nos dizer o que estava acontecendo em cada parte do corpo da paciente em um nível bastante granular — desde os órgãos da mulher até seus fluidos intestinais. Essa máquina confirmou que o problema de saúde da paciente era, na verdade, de natureza psicossomática, devido ao padrão de frequência que a máquina informou. Nosso próximo passo foi ligá-la a outro instrumento, que lembra uma máquina turbinada de biofeedback; isso nos deu uma visão mais apropriada da condição dela e registrou que não havia mesmo nenhum trauma relacionado ao estupro que afetasse substancialmente seu coração. Ainda assim, nós sabíamos que o problema dela era causado por algum tipo de conflito interno ou estresse e que o campo de energia de seu coração estava com mau funcionamento.

Foi só quando perguntei à mulher sobre a mãe dela (me baseando em um instinto aleatório que falou comigo) que nós chegamos à causa raiz do problema: ela me disse que a mãe estava morrendo de uma doença terminal, e a máquina indicou que essa era a origem do problema cardíaco da mulher. A partir daí, eu a aconselhei por aproximadamente quatro horas, com base em acessos intuitivos que recebi durante o processo, irradiando o máximo de amor que podia. Usei o campo de energia do meu próprio coração para tentar afetar o dela. Tive a intuição de que essa mulher sentia que a mãe era o único amor incondicional que ela conhecia, e que ela, inconscientemente, disse a si mesma que preferia morrer a viver sem esse amor. Consequentemente, o subconsciente dela desenvolveu um problema de saúde justamente no coração, o que garantiria seu fim — a bobina subconsciente que ela tinha manifestado de fato. Em outras palavras, a mulher involuntariamente incitou seu coração a falhar, seu campo energético cumpriu a tarefa, e a máquina confirmou essa realidade. Assim que pude carinhosamente convencê-la de que havia amor de verdade para ser encontrado além de sua mãe e mostrar que era importante e possível praticar o amor-próprio quando ela saísse da clínica, o campo de energia em volta do coração dela começou a responder, e a máquina mostrou mais tarde uma mudança na habilidade do cérebro da paciente de aceitar essa possibilidade. Percebi que o diagnóstico da mulher e sua cura precisavam de um voto de confiança, mas, de acordo com o feedback neuronal compartilhado comigo, não havia discussão de que tínhamos chegado à verdadeira causa e solução para os problemas da paciente.

Aprender a identificar, reproduzir e utilizar sabiamente a frequência do amor é maravilhoso. Você saberá que está em uma frequência de amor porque sua própria energia ficará leve e simples; mentalmente, você estará no presente, e não pensando em alguma negatividade do passado ou alguma coisa que possa acontecer no futuro. Você pode sentir e reconhecer essa frequência do amor ao brincar com seus filhos, sentir o aroma de biscoitos fresquinhos ou observar o sol nascer enquanto toma um chá gelado como sua avó costumava fazer. Se você está se sentindo carente de amor-próprio, é útil explorar esses tipos de memórias positivas, assim como sua imaginação. Se não consigo achar amor dentro de mim mesma por alguma razão, gosto de fechar os olhos e me lembrar de como é sentir o amor de meu marido, de Deus ou o próprio amor que ofereço aos outros. Eu me imagino puxando essa energia para dentro de mim, para dentro de meu coração, e então bombeando-a para meu campo de energia. Dessa forma, eu coloco amor em tudo o que faço.

Visto que seus sentimentos influenciam a energia que você emite para o mundo, que afeta a vida que você inevitavelmente manifesta, fique a par do que diz a si mesmo a respeito do amor e do amor-próprio. Em seu diário, sinta-se livre para explorar como você define o amor-próprio, o que ele faz você sentir, e por que você se sente dessa maneira. Saber a diferença entre noções boas e ruins de amor-próprio é essencial. Aqueles que vivem no amor verdadeiro sentem tanta paz, que podem criar e manifestar com grande facilidade. Colocamos muitas condições para o amor-próprio que não são necessárias ou verdadeiras porque muito do que definimos e demonstramos como sendo amor em geral é baseado em programações. Assim que você sabe o que sua bobina subconsciente chama de amor, pode redefinir essas noções falsas para que elas reflitam mais precisamente o tipo de amor que você deseja dar e receber. Aprender a buscar todas as coisas com amor e amor-próprio é apenas um tipo de energia intencional que ajuda as manifestações a se tornarem realidade.

Dicas e Lições

- Amor é uma emoção de alta frequência e um sentimento altamente memorável. Quando você se sente incondicionalmente aceito e cuidado, seu desejo de se proteger de gatilhos traumáticos e personas se desfaz.

- Aqueles que recusam ou não sentem amor agirão de maneiras que derivam de sentimentos de escassez, inautenticidade e perda.

- O amor-próprio abastece o potencial ilimitado. Ele o coloca em uma alta vibração em que a criação ilimitada é possível; ele permite que você sonhe com o que você quer *e* que acredite que é digno de receber.

- Quando sua vida não está do jeito que você gostaria, você se afasta do amor — apesar do fato de que o amor é uma das frequências mais poderosas que permite que você crie o que quiser.

- O autocuidado neutraliza as programações e ensina o que é sentir e dar um amor potente e verdadeiro.

- Deus é a fonte suprema de amor incondicional. Deus está em todas as coisas e em todo lugar, o que significa que, não importa o quanto o mundo o decepcione, você ainda está cercado pelo amor de Deus.

- O amor-próprio o ajuda a se mostrar ao mundo como uma pessoa que fala e vive a sua verdade.

- O campo de energia e a saída de frequência de seu coração são muito mais fortes do que os de seu cérebro.

- Em uma frequência de amor, sua própria energia fica leve e simples; mentalmente, você está no presente, e não pensando em alguma negatividade do passado ou alguma coisa que possa acontecer no futuro.

Mais Recursos e Downloads Gratuitos[1]

Se você gostou deste capítulo, eu criei um PDF disponível para download chamado *"Affirmations For Self-Love"* [Afirmações para o Amor-Próprio, em tradução livre], no qual compartilho algumas das minhas afirmações poderosas que você pode usar diariamente para remover todos os obstáculos para o amor e para o amor-próprio.

Faça o download de graça no site www.authenticliving.com/gifts.

---

[1] Todos os conteúdos bônus presentes no final dos capítulos estão disponibilizados em inglês. A Editora Alta Books não se responsabiliza tampouco gerencia o conteúdo adicional oferecido exclusivamente pela autora da obra.

Capítulo 8

Segredo n° 5
ABRACE SUA ENERGIA INTENCIONAL PARA COMEÇAR A MANIFESTAR

Um dos pontos-chaves mais subestimados, incompreendidos e divinamente essenciais para manifestar qualquer objetivo é sua capacidade de aproveitar a melhor energia intencional que colocará as verdadeiras etapas da manifestação em movimento. Não é surpresa que tem que ser uma energia verdadeira, leve e boa *versus* aquela que carrega uma frequência mais densa causada por emoções negativas, como obrigação, culpa ou amor e conexão prejudiciais. A energia intencional certa também deve atingir um equilíbrio crucial: deve ser profundamente investida, mas ao mesmo tempo separada do resultado que você deseja. Quando você abraça e emite o tipo certo de energia intencional, é como escolher um caminho em uma bifurcação na estrada: você pode optar por um caminho tranquilo que o leva ao seu destino com rapidez e facilidade ou um caminho turbulento cheio de buracos e obstáculos. A decisão parece bastante óbvia, certo?

Mesmo assim, muitos manifestantes não sabem como encontrar e seguir o caminho tranquilo até o ponto final. Em vez disso, eles sacolejam em um caminho precário, em grande parte com a suposição de que ter energia intencional positiva ao manifestar significa ser uma boa pessoa quando você define um objetivo, sentir-se otimista ao perseguir esse objetivo e/ou escolher um desejo que ajude os outros. E embora esses sejam valores adoráveis que encorajo bastante, canalizo constantemente que ter uma energia intencional positiva em torno de uma manifestação é mais sistemático e psicológico do que tudo isso. Trata-se de incorporar uma frequência que está acima da "neutralidade" na escala emocional/vibracional, o que o ajuda a alcançar um objetivo que satisfaça um certo estado emocional. Isso é o que cria a alta vibração que faz os objetivos darem frutos e, quando você constrói a partir dessa energia, permite que você sustente uma frequência alta e dominante para manifestações futuras e episódios maravilhosamente inesperados e afortunados.

Você teve bastante trabalho para limpar suas programações passadas e, ainda, elevar suas vibrações mais baixas, o que pode atrapalhar o jeito de sentir as emoções que estimulam manifestações positivas. Seu campo de energia está preparado para que objetivos altamente intencionados assumam o controle da maneira mais pura, e você também já sabe reconhecer, e sabe o que fazer se perceber, outros gatilhos que criam uma baixa energia que é hostil para a manifestação. Em outras palavras, você já está no melhor lugar possível para criar o tipo de energia intencional que permite definir objetivos incríveis e se maravilhar quando eles ganham vida. Novamente, isso o coloca um passo enorme à frente da maioria dos manifestantes, que, sem saber, podem estar sendo impedidos por uma programação que causa nós densos e de baixa frequência em seus campos. A intenção positiva de uma pessoa pode estimular uma manifestação a se tornar realidade, mas, por si só, ela não transformará o processo quando você a receber em um mar de rosas. O resultado final pode vir com problemas: essa realidade pode ser de curta duração ou uma preocupação logística pode impedi-lo de aproveitá-la.

A energia intencional, então, não é ser um certo tipo de pessoa ou criar tipos específicos de objetivos positivos para manifestar, mas sim incorporar a energia mais pura para apoiar as ações e o estado emocional que deseja; ela nos mantém alinhados com o bem maior do universo e nos ajuda a evitar a repercussão de escolhas de vibração mais baixa, como aquelas que acabei de mencionar. Neste capítulo, explicarei a importância de ter a energia intencional correta, como criar intenções positivas que estimulem os melhores objetivos de manifestação e como manifestar quando episódios perturbadores da vida estiverem em seu caminho. Também descreverei como usar a energia intencional para definir e depois seguir em frente com o primeiro de muitos objetivos de manifestação. Ter a energia intencional certa é um divisor de águas! Vamos desvendar o segredo n° 5 para uma manifestação poderosa.

Entendendo a Energia Intencional

Vamos começar com o básico: o que é energia intencional? Simplificando, essa é a força motriz energética por trás de tudo o que você faz e afirma querer. É o poder que dirige o movimento das partículas para que elas se manifestem. A energia intencional também nasce do estado emocional e mental que representa seu compromisso de realizar uma ação, agora ou no futuro. Como você sabe, sempre há uma energia por trás de suas crenças, emoções, pensamentos e palavras — então, se quiser se manifestar a partir de uma vibração alta, primeiro precisará despertá-la com uma intenção de alta frequência. Em algum momento, você passará a sustentar uma vibração alta, de modo que sua frequência dominante seja consistentemente elevada, e esse é o estado em que coisas belas e aleatórias são atraídas para seu campo áurico. Mas, por enquanto, quando se trata de manifestar um objetivo, a chave inicial para tudo isso é uma energia intencional genuinamente positiva.

Identificar sua energia intencional é bem simples. Quando você determina o objetivo que gostaria de definir, os sentimentos que o motivam parecerão bons (leves e felizes) ou ruins (densos e pesados). Uma boa energia geralmente está enraizada em sentimentos de amor-próprio, possibilidade, alegria e paz, enquanto a energia negativa vem de sentimentos como raiva, orgulho, tristeza, apatia, culpa, vergonha, medo, obrigação e escassez. Se sua energia intencional precisar de um impulso, volte ao gráfico emocional/vibracional do Capítulo 6 para identificar a posição atual de seus sentimentos na escala e quais emoções estão acima dela, para que você possa lutar para alcançá-los. Geralmente, basta realizar alguns de seus exercícios favoritos de amor-próprio e de quebra de padrões para fazer a diferença — para mim, uma xícara de chá e um diário geralmente resolvem —, mas, se você ainda se sentir estagnado depois, é hora de registrar e desembaraçar alguma programação. E lembre-se, você não precisa ir até o topo da hierarquia emocional/vibracional para criar uma energia intencional aceitável; subir apenas um sentimento ou dois, sempre acima da neutralidade, aumentará as chances de manifestação. Claro, quanto mais alto você estiver na escala, mais rápido seu resultado acontecerá, pois a energia se move mais rapidamente à medida que sua vibração aumenta. Contudo, não há um cronograma de quão rápido você deve aprender a subir nessa escala; apenas saiba que, quanto mais alto você chegar, melhor será.

Resultados de manifestação positivos e sustentáveis estão diretamente ligados à energia intencional correta. Se você espera manifestar sucesso, suas intenções por trás desse objetivo devem ser genuínas e para o bem maior de todos. Querer se sair bem no trabalho porque sofreu *bullying* quando criança, o que criou uma raiva profunda que o faz querer provar que todos estavam errados para nunca mais ser ridicularizado? Isso não faz parte do bem maior. Uma frustração de longa data não está sequer acima da neutralidade. Às vezes, essas baixas vibrações não permitirão que nada aconteça, ou uma manifestação acontecerá, mas não no melhor cenário. Você pode conseguir aquela promoção ou aumento, mas se sentirá esgotado, receberá uma conta pelo correio que consumirá seu salário extra ou o novo cargo deixará de existir logo depois de você aceitá-lo. Isso ocorre porque a energia em torno de suas ações e de seus resultados fica mais densa quando sua energia intencional brota de desejos inferiores. Por outro lado, ter um bom desempenho no trabalho para proporcionar uma vida emocionante, confortável e despreocupada para você e sua família o colocará na frequência positiva certa para um sucesso consistente e duradouro. Você prosperará no novo cargo, observará o dinheiro fluir naturalmente e se sentirá divinamente guiado o tempo todo. Para ser mais clara: quando você muda sua energia, muda o resultado de sua manifestação. Sua ação não precisa ser alterada, mas sua energia intencional deve. Você consegue ver como é muito necessário lidar com sua programação mais óbvia antes de começar a manifestar e, então, encontrar gatilhos durante o processo de manifestação e no dia a dia. As medidas preventivas lhe permitem se sentir preparado e ser proativo *versus* reativo.

Vale a pena repetir que, por ter feito muito trabalho psicológico até agora, você tem mais chances de automaticamente ter intenções mais elevadas e um fluxo de energia mais puro em torno de seus objetivos. É isso aí! Manifestar a partir de um estado puro e limpo *versus* um estado de medo e baseado em programações tira você do passado, do que não precisa mais existir, e o coloca no agora, em que as possibilidades são infinitas. Sua capacidade de se concentrar no que você quer e em por que você quer também deve ser mais intensa. Porém, o que eu também descobri é que, quando meus clientes começam a manifestar, eles podem pensar que querem alcançar uma certa coisa — como ser bem-sucedido —, mas depois que registrar e desembaraçar energia e remover bloqueios se torna um modo de vida, eles percebem que o que eles pensavam que queriam o tempo todo não era bem isso afinal. Na verdade, aposto que o que *você* pensou que queria manifestar quando pegou este livro está mudando e sendo reformulado depois de trabalhar tanto em sua programação. Isso é muito bom, pois sua nova perspectiva o ajudará a manifestar de um lugar vibracional mais autêntico e, portanto, mais eficaz.

Se parar para pensar, no centro do que todos estamos buscando não está um conjunto de coisas, mas um estado emocional que vem do que nos esforçamos para alcançar. Então, se você está buscando um objetivo tangível para alcançar um estado emocional, pode descobrir que, em sua vibração mais elevada, que vem com uma clareza mental, você pode querer acessar esse estado emocional de outra maneira e depois ajustar seu objetivo de manifestação. Então, para usar o exemplo do sucesso, embora você já tenha se empenhado em manifestar o sucesso profissional, depois de todo seu trabalho de registrar e desembaraçar a energia, você passa a perceber que estava lutando por elogios profissionais porque, na verdade, buscava aprovação e amor. E adivinha? Você pode conseguir isso por outros meios que podem parecer mais satisfatórios do que um aumento e fazer com que você vibre mais alto. Você pode mudar seu objetivo de manifestação para alguma coisa, como criar uma instituição de caridade que junta crianças que sofrem *bullying* com colegas de escola mais velhos, para que eles sejam cuidados e orientados, o que fará você se sentir realizado, mas também abrange sua necessidade de receber elogios de uma comunidade específica — e tudo isso é impulsionado por uma energia intencional fervorosa e amorosa que irradia um alto entusiasmo vibracional de volta para o mundo. Então, quando estiver pronto para definir um objetivo de manifestação, e faremos isso mais adiante neste capítulo, considere se o estado emocional que você procura combina com seu objetivo final. Se não, mude-o, porque você só alcançará resultados duradouros se suas intenções forem genuínas e estiverem vibrando alto. E é mais fácil chegar lá com objetivos pelos quais você se sente emocionalmente atraído do que com aqueles que vêm de valores mundanos ou falsos.

Por fim, ter a energia intencional correta requer estar desapegado do resultado. O desapego é importante para muitos processos espirituais e energéticos, seja de manifestação, cura ou de canalização. O desapego abre caminho para o universo cuidar de seu pedido, removendo você de estados vibracionais mais baixos, como o desespero. A princípio, o desapego pode parecer difícil de imaginar, já que acabei de insistir que suas intenções positivas devem ser alegres, fervorosas e cheias de amor. Contudo, o desapego não significa que você não se sente empolgado com seu objetivo ou que não se importa se ele acontecerá ou não. Significa que você o está entregando ao universo e, assim, saindo do caminho para permitir, na hora certa, que respostas mais elevadas fluam por você, e seu cérebro seja capaz de formular por conta própria. Você ainda deve entrar em ação para ajudar seu objetivo a acontecer quando as oportunidades surgirem, mas, quando se está desapegado, não há estresse ou controle envolvidos, o que cria densidade. Como você pode ver, ter fé é importante aqui. Ela demonstra sua disposição de confiar em um poder superior e no bem maior de todos, além de acreditar que o que tiver de aparecer, aparecerá, e que há um plano maior e universal em andamento para você.

Em vez de se desconectar emocionalmente, você está enviando sua energia emocional para um espaço puro e divino que está fluindo com Deus e fazendo as coisas de Deus. Eu tinha uma cliente chamada Amber que queria manifestar sua alma gêmea. O namorado dela a deixou de repente, sem olhar para trás. Isso fez com que ela se sentisse descartável e a convenceu de que ela devia ser "nojenta" por ter sido largada com tanta facilidade e de uma maneira tão indiferente. Amber não acreditava mais que o universo queria que ela se sentisse feliz. Inicialmente, Amber me disse que sua intenção ao manifestar era se sentir amada, porque estava cansada de se sentir sozinha e como se estivesse "envelhecendo, ficando mais gorda e mais feia a cada dia". Você já sabe que esse tipo de energia intencional não trará um parceiro que faça Amber feliz, porque a motivação era a escassez, o medo e o ódio de si mesma. O cérebro e o campo áurico de Amber fariam uma varredura, mas não forneceriam a ela perspectivas que lhe dessem a satisfação emocional que desejava. Meu palpite é o de que Amber teria namorado metaforicamente seu ex ou com as partes não curadas de um relacionamento com um parente, já que sua energia intencional brotou de uma vibração baixa que veio de suas programações. Então trabalhei com Amber para observar que aumentar a energia com duas táticas de amor-próprio por dia, durante duas semanas, a levaria a um estado mais elevado e a ajudaria a perceber que ela queria sentir amor porque o merecia e queria compartilhar sua vida com um igual. Ela se desapegou totalmente do resultado, mas agora tinha uma fé forte e renovada de que Deus cuidaria dela e guiaria sua alma gêmea até ela. A partir daí, Amber acreditou profundamente que seu parceiro perfeito estava por aí e que a energia intencional certa o traria para ela. Seis meses depois, Amber conheceu um homem, com quem ainda está namorando, e eles estão muito felizes.

Sustentando a Energia Intencional

De muitas maneiras, a manifestação não é uma questão de atrair *o que você diz que quer*, mas *o que você é no quesito vibracional*. Pare neste exato momento e releia essa frase. Isso significa que, se puder sustentar uma alta frequência dominante, a vida em geral começará a parecer milagrosa, pois as manifestações acontecem mais facilmente e as coisas boas geralmente ocorrem sem um esforço conjunto. Isso ocorre porque sua alta energia dominante o coloca em fluxo com a energia mais elevada do universo e com o bem para todos em mente. A energia intencional é específica para a manifestação, mas quando você constrói sua vida em torno dessa energia para que sua frequência seja consistentemente alta, você não precisa tentar aumentá-la o tempo todo. Depois de alguns anos de prática, eu vivo em uma vibração predominantemente alta, na qual as manifestações se tornam realidade, mas também na qual coisas boas e aleatórias aparecem o tempo todo e são melhores do que eu poderia ter criado conscientemente.

Infundir atividades diárias com energia intencional saudável é importante porque cria o hábito de fazer isso naturalmente para uma eventual manifestação e também ajuda a construir e manter uma frequência alta e dominante. Infundir as tarefas diárias com a energia intencional correta também é importante para as pessoas ao seu redor. Como nosso corpo é uma antena energética e estamos sempre recebendo e enviando frequências para os campos de outras pessoas, você pode — e deve —

impactar positivamente qualquer pessoa em seu meio. É por isso que vários viciados com quem trabalhei me disseram que sentem que há um limite para a cura por meio de grupos de apoio e, em pouco tempo, descobriram que isso não funcionava mais para eles. Esses grupos podem ajudá-los a parar de beber ou usar drogas, além de construir uma base para o crescimento, mas como os membros geralmente lutam e se consideram viciados por toda a vida, a vibração geral do grupo oscila demais para evoluir e manifestar em longo prazo. Pode ser melhor para você trabalhar individualmente com um conselheiro, escolher a dedo amigos com ideias semelhantes que o apoiem e buscar um programa espiritual como o Authentic Living para seu crescimento.

Como muitas pessoas, lutei contra uma atitude pouco saudável e quase obsessiva em relação a exercícios físicos durante grande parte da minha vida, o que tornou minha energia intencional a respeito dessa atividade, outrora saudável, às vezes no mínimo duvidosa. Quando adolescente, eu era obcecada com meu peso e era bulímica, então, para mim, o exercício sempre vinha com a intenção de autodepreciação. Durante anos depois de me curar, me esforcei muito para esculpir um corpo bonito de uma maneira saudável, para acabar com meus hábitos alimentares neuróticos e me nutrir com alimentos que não estimulavam ou desencadeavam a compulsão. Corta para seis anos depois, quando meu marido e eu nos mudamos de Dallas para Laguna Beach. O ambiente ensolarado e praiano me inspirou a ficar super em forma, então contratei um treinador durão com um corpo insano, que me colocou em um regime extremamente rigoroso. Eu aposto que você pode adivinhar o que aconteceu em seguida! Minha obediência ao treinador e o desejo de aperfeiçoar minha aparência fizeram uma versão antiga de mim, uma persona, dar as caras.

Certa tarde, enquanto treinava, lembro-me de me esforçar para terminar uma série de agachamentos quando ouvi uma voz clara na minha cabeça dizer: "Eu me odeio" — e foi isso que me motivou a completar o último agachamento! Imediatamente, mesmo sem ter que fazer um registro, percebi que a energia intencional negativa havia retornado porque eu tinha uma associação programada entre exercícios intensos e intenções negativas que me motivavam a completá-los. Até comecei a ter uma crise severa — um problema pelo qual não passava desde a última vez que me exercitei com esse tipo de energia autodepreciativa. Bom, então foi isso. Abandonei minha rotina intensa imediatamente e comecei a me exercitar de uma maneira que era motivada por querer ser saudável, viver mais tempo para meus filhos, desfrutar da comida e me amar o suficiente para abraçar tudo isso. Ainda me exercito, mas minha energia intencional não gira em torno de me odiar ou parecer bem para ganhar a aprovação dos outros. Talvez a parte mais interessante dessa lição seja que eu ainda vejo resultados fabulosos provenientes de minha rotina reduzida porque minhas intenções positivas e elevadas me permitem atingir um resultado ainda melhor do que se tentasse alcançá-lo por meios negativos. O resultado não é apenas mais emocionalmente favorável e gratificante, mas igualmente eficaz em um nível físico. Mudar minha energia intencional também me permite sair da academia que montei em casa em um tom vibracional mais alto, que posso levar para tudo o que faço durante o dia.

Como mencionei, sustentar uma vibração alta nem sempre requer que você faça registros, desembarace energias e coisas do gênero toda vez que encontrar um gatilho — especialmente se ele for situacional. Às vezes, basta usar uma quebra de padrão ou um exercício de amor-próprio ao perceber que sua energia intencional está desligada. Por exemplo, preparar o jantar para sua família pode parecer mais uma obrigação do que um presente, e, assim, sua energia dominante é diminuída só pela antecipação do fato, e ainda mais na hora de realizar a tarefa. Contudo, você pode superar esse peso energético recompensando-se com um exercício de amor-próprio antes, durante ou depois da experiência — talvez tomando um banho com sais depois de preparar a refeição, ouvindo música enquanto combina os ingredientes ou dançando pela cozinha com seus filhos enquanto limpa as coisas. Aqui, você deve 1) ficar consciente de que não ama o que está fazendo e então 2) inserir uma prática que ame de fato na experiência. *Voilà* — vibração aumentada.

Mudar sua energia intencional para sustentar uma alta vibração é possível, mesmo quando você se sente compreensivelmente resistente. Durante meu primeiro inverno no Colorado, fiquei chocada com a quantidade de neve que caiu em alguns meses, especialmente vindo do Arizona, da Flórida e do Texas. No entanto, apesar de toda a neve, nosso cachorro adotado, Tank, continuou fazendo cocô nos fundos — e, lamento dizer, nossa tarefa de limpar tudo caiu no esquecimento. Agora, não importa qual seja o clima, é trabalho de meu filho Braydon cumprir essa tarefa nojenta, mas aqueles dias frios foram desafiadores, e então deixamos isso para lá. Quando o sol voltou e a neve finalmente derreteu, você pode imaginar como estava o cantinho do cachorro!

Quando vi todo aquele cocô pela primeira vez, me senti compelida a ajudar Braydon com sua tarefa monumental para terminar logo a limpeza, mas minha energia intencional foi inicialmente de aborrecimento e sobrecarga. Eu não tinha uma história complicada relacionada a limpar cocô de cachorro, então, em vez de fazer um registro, fiz uma quebra de padrão para mudar a energia intencional em torno desse evento, para que a vibração mais alta pudesse alimentar minha própria energia e influenciar a de Braydon. Decidi que cada um de nós pegaria uma pá e riria durante essa atividade nojenta; apelando para o senso de humor de uma criança de 10 anos (e convenhamos, o meu!), fiz piadas de cocô durante todo o processo. Em um dado momento, o cocô foi na sola do sapato do Braydon, e nós rimos como loucos. Minha energia intencional foi transformada perfeitamente em amor. Como resultado, ambas as nossas frequências foram elevadas, quando isso poderia facilmente ter arruinado nossa tarde! Observe que não mudamos nossas ações em torno da atividade — não contratei outra pessoa para fazer o trabalho nem convenci meu marido a nos ajudar. Porém, mudei minha energia intencional até que o resultado se tornasse fácil, eficiente e divertido.

Tenha sempre em mente que as mudanças de energia são uma escolha. Você pode decidir quando fazer isso, o que é fortalecedor!

Dica valiosa: quando você está em um estado vibracional alto, esse é um ótimo momento para manifestar bastante tudo o que há em seu coração e aproveitar o fato de ter chegado naturalmente a uma frequência abundante. Em outras palavras, você não precisa iniciar o processo de manifestação com um objetivo em mente; às vezes, começo almejando um bom humor e, em seguida, chego com um ou o máximo possível de objetivos enquanto sigo a vibração alta. Dessa forma, não preciso trabalhar muito para criar uma energia intencional positiva; ela já está fluindo na direção certa. A essa altura, assim que terminei de limpar o equivalente a um mês de cocô com meu filho, corri para dentro e coloquei algumas intenções em ação — um processo que explicarei a seguir.

Pronto para Manifestar? Então Vamos!

Aprender a aproveitar a energia intencional e positiva é, na verdade, o primeiro passo de manifestação que você dará para realizar seus objetivos. Até agora, você preparou o caminho para uma mente clara e uma vibração elevada e dominante. E agora é hora de aprender a executar os passos para a manifestação! Embora eu fale muito sobre manifestar grandes sonhos, como sucesso profissional, riqueza, encontrar sua alma gêmea e comprar a casa dos seus sonhos, meus clientes também gostam de manifestar objetivos diários, como fazer uma ótima viagem, perder peso e até encontrar a melhor cafeteria. Afinal, uma vez que você existe em uma vibração alta e dominante o tempo todo, a manifestação se torna apenas um modo de vida. É uma tática que você pode usar para adquirir *qualquer coisa* que deseje, não importa quão importante ou trivial pareça.

Passo 1

Primeiro, gostaria que você identificasse um objetivo que gostaria de manifestar e se certificasse de que a energia intencional por trás dele seja pura e elevada. Você pode fazer isso verificando qual é a sensação da energia em seu corpo quando você a leva em consideração, ou perguntando a si mesmo: *Por que eu quero isso?* Se sua resposta for positiva e parecer leve, você poderá passar para a próxima etapa. Se parecer sobrecarregada ou pesada, é hora de registrar e desembaraçar a energia em torno de seu objetivo de manifestação e, em seguida, chegar a uma vibração mais alta por meio desse processo e usando quebras de padrão e técnicas de amor-próprio, conforme necessário. Dito isto, a razão para a baixa energia intencional não *tem* que estar relacionada à programação ou trauma passado; sua energia intencional pode não estar tão boa, com base em, digamos, coisas ruins acontecendo naquele dia; nesse caso, tudo de que você realmente precisa é descobrir um exercício de amor-próprio ou uma quebra de padrão para elevar seu ânimo. De qualquer forma, determinar o "por quê?" não precisa ser muito trabalhoso, e seja lá como você aumentar sua energia, vale a pena o tempo que você dedica a isso, pois você terá um melhor resultado de manifestação e construirá uma frequência dominante mais alta ao longo do tempo. Você consegue se lembrar da última vez em que esteve em alto astral e como isso foi incrível? Volte para lá de novo! Uma vez que você fizer isso, sua energia intencional mudará, ou você pode optar por mudar seu objetivo para um que corresponda ao estado emocional que espera alcançar, o que o coloca em uma vibração mais elevada e genuína. Saiba também que é sempre melhor usar sua energia para se manter em um estado elevado do que se permitir entrar em um estado realmente baixo e depois se elevar a partir daí. Pense nisso como nadar: é mais fácil rio abaixo do que para cima, certo?

Passo 2

Depois de identificar o objetivo que corresponde ao objetivo emocional que está tentando alcançar, você escreverá no seu diário. Quero que você escreva no topo da página: "Estou no processo de ___." E então declare seu objetivo de manifestação. Não gosto de definir objetivos futuros a partir de uma perspectiva "eu sou" — como em "eu sou saudável" ou "estou apaixonado" — porque isso pode parecer falso ou bobo, e a mente lhe dirá que não é verdade, o que diminui sua vibração, pois o objetivo parece inatingível. Mas escrever "estou no processo de me apaixonar" ou "estou ficando mais saudável a cada dia" é uma afirmação que sua mente pode acompanhar. Esta é uma das poucas vezes que pedirei para você prestar atenção em suas palavras. Eu não acredito que você precise falar com uma linguagem positiva durante o dia todo, porque nesse ponto você sabe que a energia por trás de suas palavras é muito importante. Pense nisso: você pode dizer "eu te amo" com muitos tipos de energia intencional — sinceridade, frustração, apatia, paixão —, e é a essa frequência que você deve estar sempre atento.

Passo 3

Seja específico e liste todos os detalhes relevantes atrelados ao seu objetivo. Se você pretende manifestar uma alma gêmea, como é essa pessoa? Qual é o caráter dele ou dela? Quais traços de personalidade são importantes? Qual é a sensação quando estão juntos? Em seguida, adicione um prazo para seu objetivo. Escreva: "Gostaria de conseguir isso até ___." Por fim, desenhe essa manifestação. Você não precisa canalizar Pierre-Auguste Renoir aqui; desenhos de palitinho e de linha são ótimos! Seja tão simples ou elaborado quanto quiser, desde que a imagem evoque alegria e amor. Ao final do exercício, você deve se sentir realmente animado, energizado e entusiasmado para alcançar esse objetivo!

Passo 4

Em seguida, você fará um exercício de visualização por até quinze minutos. Depois de trabalhar com milhares de clientes e manifestar uma vida incrível para mim mesma, descobri que a visualização mais eficaz acontece quando você está meio sonolento — ou quando está adormecendo e indo para a terra dos sonhos, um estado chamado de "hipnagógico", ou quando está na transição do sono para a vigília, que é o estado "hipnopômpico." Pessoalmente, gosto de me referir a qualquer um desses períodos como "hora da manifestação". No momento em que você estiver ciente de que está adormecendo ou acordando é quando você reafirmará a intenção que escreveu em seu diário. Em seguida, visualize como é passar pelo processo de ir atrás de seu objetivo ou como é alcançá-lo — o que for mais emocionante e de alta vibração para você. Pode até ajudar imaginar-se em uma cena de seu objetivo final — talvez comprando um carro novo quando você manifesta milhões ou se alongando para correr uma maratona quando sua artrite melhorar. Brinque com essa imagem mental até usar o máximo possível dos seus cinco sentidos para visualizar o resultado final. Certifique-se de que o estado emocional que você incorpora corresponda ao que você está tentando alcançar com a manifestação.

Vamos falar brevemente sobre os dois estados de semissono da manifestação, porque eles são superinteressantes, e você decidirá qual deles é mais confortável e natural. Um estado não é necessariamente melhor que o outro; como tantos detalhes no processo de manifestação, é realmente uma questão de preferência. Durante um estado hipnagógico, sua imaginação está a todo vapor. Sua intuição conecta memórias e conceitos por meio de sentimentos de familiaridade e associações que são sentidas. As soluções criativas vêm à tona. Não é à toa que é tão comum ter experiências involuntárias como alucinações, sonhos lúcidos e até paralisia do sono durante esse estado adormecido.

Como o cérebro fica bem propício para a criação durante um estado hipnagógico, muitos cientistas, músicos, autores e artistas usaram isso para inspiração e solução de problemas. O livro de Mary Shelley, *Frankenstein*, por exemplo, foi inspirado por um sonho hipnagógico. Supostamente, o cientista Thomas Edison se deitava deliberadamente em seu sofá para dormir enquanto segurava uma colher ou duas bolas de aço sobre a borda e acima de um prato. No momento em que ele adormecia, largava os objetos. O estrondo alto o acordaria — e, antes que Edison esquecesse as ideias e insights que teve durante seu estado hipnagógico, ele as anotaria. O artista Salvador Dalí, que usou sonhos hipnagógicos como inspiração para suas pinturas surrealistas, usou uma técnica semelhante, mas com uma chave pesada que ele deixava cair em um prato enquanto adormecia. De acordo com uma revista científica, entre 39% e 85% das pessoas experimentam esse "sonho", então, se você está disposto a fazer sua visualização segurando uma colher ou chave na mão, acredito que é uma oportunidade muito poderosa para cocriar com o universo.

Um estado hipnopômpico é o oposto de um hipnagógico, e o que prefiro usar ao manifestar um objetivo específico. Fazer esta prática logo pela manhã é mais fácil; além disso, ele faz com que seu dia comece com uma vibração elevada e que você acorde com o pé direito. Você também pode fazer isso quando estiver acordando de uma soneca. Em ambos os estados, você está relaxado, praticamente acordado e mentalmente relaxado. Você fica mais consciente de estar entre dois estados ao mesmo tempo do que durante um estado hipnagógico; você pode reconhecer o que está em sua mente ou o que estava sonhando enquanto dormia, ao mesmo tempo que também pensa no dia que tem pela frente. Acho que esse estado de transição funciona tão bem porque seu cérebro ainda não está totalmente ligado e, portanto, a programação passada não começou a afetar seus pensamentos. O processo me lembra de como uma pessoa canalizadora se afasta de seu estado mental para receber mensagens e permitir que a energia flua por meio dela. Com a parte consciente de sua mente fora do caminho, mesmo ainda estando receptiva a criações imaginativas, você pode inserir suas visualizações.

Passo 5

Agora que você definiu sua manifestação na noite anterior ou pela manhã, aproveite o dia em um espaço mental mais leve e claro. Desapegue-se de seu objetivo, mas continue a verificar a si mesmo caso sofra algum gatilho para poder fazer o que for necessário para sustentar uma vibração elevada.

Sinta-se à vontade para revisar os cinco passos da manifestação quantas vezes precisar para se lembrar de como aproveitar essa poderosa energia intencional. A seguir, ilustrarei como o processo se desenrola, do começo ao fim, usando como exemplo minha própria vida. Dessa forma, você pode ver como uma etapa leva à seguinte. Veja, recentemente manifestei uma casa dos sonhos para minha família. Quando nos mudamos da Califórnia para o Colorado, moramos temporariamente em nosso centro de retiro, o que não era o ideal. Eu queria que todos na minha família tivessem seu próprio espaço, livre dos processos de purificação energética e de cura dos clientes. Eu também queria que meus filhos tivessem um lugar mágico para chamar de lar. Então, uma casa espaçosa continuava rondando meu consciente, mas ela custava mais do que eu queria gastar, então eu a mantinha em mente, mas, na maior parte do tempo, deixava isso para lá. Conheci rapidamente o dono em um evento de caridade, e ainda que eu tivesse amado o espaço, ele precisava de melhorias, e, novamente, não gostei do preço. Mesmo assim, eu não conseguia me livrar da sensação intuitiva de que, se as condições estivessem certas, aquele seria um ótimo lar definitivo para nosso clã.

Peguei meu diário e escrevi a intenção "Estou em processo de mudança", desenhei uma foto da casa como eu queria que ela fosse e listei informações como o custo e outros detalhes que a tornariam perfeita. Então reafirmei minha intenção e visualizei durante meu estado hipnopômpico todas as manhãs e me aproximei dele com uma alta energia intencional, o que ajudava era imaginar meus filhos brincando no quintal, meu marido lendo na biblioteca, nossa família se reunindo para assistir a filmes no sofá e eu fazendo o jantar na cozinha enquanto olhava para as montanhas cobertas de neve. Usei todos meus sentidos que pude, imaginando como me sentiria quando o sol batesse em meu rosto quando eu estivesse na propriedade ou como seria o cheiro de adobo cozinhando no fogão (um dos pratos favoritos de minha família). Após cerca de quinze minutos, liberei meu objetivo com o bem maior para todos e me desapeguei dele (alguns se referem a isso como "seja o que Deus quiser" — a energia é igualmente despreocupada). Em apenas *uma semana*, o dono da casa bateu à minha porta e nos ofereceu o imóvel, com o preço exato que eu havia manifestado e sem que eu tocasse no assunto! Não é incrível? Foi praticamente entregue de bandeja. Nós nos mudamos para a casa cinco semanas depois, e é um presente que continua dando frutos: fornecendo um espaço caloroso e amoroso para minha família prosperar.

Quando você é novo na manifestação, sugiro começar com apenas um objetivo de manifestação de cada vez, até que o universo comece a fornecer medidas de ação para você seguir na direção de seu destino. Falarei mais especificamente sobre isso no próximo capítulo, mas, por enquanto, quero que veja como elas se encaixam em todo o processo de manifestação. Com medidas de ação, você as seguirá quase como migalhas de pão formando um caminho até alcançar seus objetivos tangíveis e emocionais. Por exemplo, depois que o dono da casa bateu à minha porta, tomei as medidas para negociar proativamente o resto de nosso acordo até que nosso contrato fosse firmado, e então, obviamente, empacotei nossas coisas, agendei a mudança, e assim por diante. O universo já havia sinalizado que era hora de partir quando ouvi a batida do proprietário anterior à porta; agora era hora de eu fazer *minha* parte. A manifestação não é apenas um processo mental e energético; envolve algumas *ações* para você chegar à linha de chegada, porque vivemos em um mundo material, e você não pode esperar que o universo cuide de todos os detalhes. Também vejo as medidas de ação como um sinal de que as coisas já estão encaminhadas em relação ao seu primeiro objetivo e que você pode progredir para outros. Se for manifestar vários objetivos ao mesmo tempo, pode ajudar separá-los em diferentes categorias, como saúde, amor, família, dinheiro, um novo lar, e assim por diante. Se as categorias apresentarem obstáculos, desembaraçar apenas algumas que não têm relação entre si é mais fácil do que fazer malabarismos com muitas que têm a tendência de se sobrepor.

Encontrou um Bloqueio na Sua Manifestação? Sem Problemas!

É claro que nem todo caminho para seu objetivo de manifestação será tranquilo. Às vezes, no meio da manifestação, alguma coisa acontece em nossa vida — e, quando os obstáculos se apresentam, temos que lidar com eles ou contorná-los. Situações como um trauma repentino, morte na família, abuso, doença, divórcio ou outros eventos inesperados tornam difícil sustentar emoções de alto nível. E se a experiência for recente, pode demorar um pouco para curar, o que está fora de seu controle. Não se preocupe — isso é bom. É até normal! O universo está sempre cuidando de você. Tenha fé no plano de Deus.

Se encontrar um obstáculo, sua frequência dominante pode ser baixa, mas sua energia intencional por trás de um objetivo de manifestação ainda pode estar inspirada e alta o suficiente para cocriar — especialmente se você já desembaraçou muitas de suas programações passadas com os registros energéticos e exercícios de desembaraçar. Lembre-se, sua frequência só precisa vibrar acima da linha de um sentimento neutro. Normalmente, o amor-próprio e as quebras de padrões podem fazer isso, mesmo em tempos difíceis. Isso me faz pensar em minha amiga Marie, que estava muito mal por causa da doença de Lyme, que estava arruinando sua saúde e o relacionamento com sua família. Mesmo assim, ela conseguiu, de alguma forma, a partir desse estado incrivelmente denso, escrever um livro que ajudou outras pessoas a lidar com suas próprias doenças difíceis. Embora às vezes sentisse que não aguentaria mais um dia, Marie conseguiu criar algo bonito e de sucesso, mesmo quando a vibração dominante dela não necessariamente a apoiava. Acredito que parte disso foi Deus lhe dando uma colher de chá, e o resto tinha a ver com a energia intencional focada e positiva em torno de sua manifestação, apesar de suas experiências desafiadoras. Para mim, faz sentido que Deus não permita que uma situação ruim O impeça de fazer um bom trabalho e alcançar isso de uma maneira que eleve seu espírito, sua vibração e tenha o potencial de irradiar bondade para os outros. Acredito que a energia de Deus quer que você se sinta inspirado, mesmo nos momentos mais sombrios, a continue firme por si mesmo e pelo coletivo.

Eventos além de seu controle também podem interferir em uma manifestação antes que ela tenha chance de se tornar realidade, e, quando isso acontece, acredito que significa que o universo está direcionando sua vida para uma direção diferente daquela que você pretendia. Deus sempre tem o tempo divino em mente, e devemos aprender a confiar nisso. Pode ser que um novo caminho aponte para o estado emocional que você queria originalmente, mas com um resultado final diferente. Confie que essa nova rota levará ao bem maior que lhe traz mais felicidade. Dito isso, você pode querer ajustar sua manifestação quando os eventos da vida mudarem e confiar no universo para preencher as lacunas. Agora estou pensando em uma cliente que passou meses visualizando um novo lar com a família, assim como eu, quando o livre-arbítrio do marido dela de repente entrou em cena e ele pediu o divórcio do nada. Isso claramente não era o que minha cliente esperava, muito menos o que tinha manifestado, e ela teve que confiar que Deus cumpriria seu objetivo emocional de realização e família de uma maneira diferente. Eu também a aconselhei a manter sua manifestação, mas que, desta vez, deixasse o rosto de seu parceiro em branco e criasse um segundo objetivo de manifestação de quem essa pessoa poderia ser. Enquanto escrevo isso aqui, o objetivo dela ainda não se concretizou, mas nós duas temos fé em que isso acontecerá.

Manifestar com a energia intencional correta é tão imprescindível quanto gratificante. Isso não apenas faz seus objetivos darem frutos, como também faz você se sentir incrível ao realizá-lo. Agora que você sabe como definir um objetivo de manifestação com a energia mais alta possível, teremos que nos certificar de que o caminho está livre para você tomar as melhores medidas de ação e lidar com contratempos percebidos ao longo do caminho.

Dicas e Lições

- A energia intencional é a força motriz por trás de tudo o que você faz e afirma querer. Ela dirige o movimento das partículas para que elas se manifestem. A energia intencional também nasce do estado emocional e mental que representa seu compromisso de realizar uma ação, agora ou no futuro.

- A manifestação de resultados positivos e sustentáveis está diretamente ligada à energia intencional correta.

- A energia em torno de suas ações/resultados é mais densa quando a energia intencional vem de desejos inferiores.

- Ter a energia intencional correta requer que você esteja desapegado do resultado.

- A manifestação não é atrair o *que você diz que quer*, mas *o que você é no quesito vibracional*.

- Infundir as atividades diárias com energia intencional saudável cria o hábito de fazer isso naturalmente para a manifestação e ajuda a construir e manter uma frequência alta e dominante.

- Comece com apenas um objetivo de manifestação de cada vez até que o universo lhe envie medidas de ação.

- Quando eventos e obstáculos inesperados interferem em uma manifestação, o universo está conduzindo sua vida em uma direção diferente. Abrace isso!

Mais Recursos e Downloads Gratuitos[1]

Se você gostou deste capítulo, preparei uma meditação guiada chamada *"5 Steps to Instant Manifestation"* [5 Passos para Uma Manifestação Instantânea, em tradução livre]; essa meditação disponível online será útil para guiá-lo pelos cinco passos que discutimos aqui.

Faça o download de graça no site www.authenticliving.com/gifts.

---

[1] Todos os conteúdos bônus presentes no final dos capítulos estão disponibilizados em inglês. A Editora Alta Books não se responsabiliza tampouco gerencia o conteúdo adicional oferecido exclusivamente pela autora da obra.

Capítulo 9

Segredo nº 6

CRIE UM MODELO
DE MANIFESTAÇÃO PARA
MEDIDAS DE AÇÃO

Depois de colocar um objetivo de manifestação em ação, eu não o culparia por presumir (ou até mesmo esperar!) que, daqui por diante, será simplesmente um jogo de espera até seu sonho encontrar um jeito de se tornar realidade. Porém, a verdade é que os melhores manifestantes sabem que é útil ser proativo de uma forma sábia durante esse período. Até alcançar a linha de chegada, você deve continuar visualizando seu desejo todas as noites ou manhãs após declamar sua declaração de manifestação, manter-se desapegado do resultado ao longo do dia e lidar com quaisquer gatilhos que surjam para que você esteja sempre navegando em uma alta vibração. Isso pode parecer um pouco complicado se você estiver pensando nesse processo apenas com a cabeça, mas posso prometer a você que, depois de anos fazendo isso sozinha e com milhares de clientes, esse procedimento se tornará naturalmente seu jeito de ser — em um piscar de olhos. Quebras de padrões e exercícios de amor-próprio, conforme forem necessários, também o ajudarão a manter uma frequência dominante e alta. O passo final no processo de manifestação propriamente dito é tomar medidas de ação, em direção ao seu objetivo, que são guiadas pelo universo e por um plano de manifestação que ajusta sua mentalidade e o ajuda a passar pelos gatilhos que surgem à medida que você chega ao seu destino final. Este é o segredo nº 6: criar e seguir os passos de seu modelo.

Como mencionei brevemente no capítulo anterior, depois que você colocar uma manifestação em ação, o universo enviará vários sinais de que sua manifestação está ganhando vida e também apontará coisas práticas que você pode fazer para chegar aonde deseja. Nesse estágio, você não será direcionado a cada movimento que deve fazer, mas notará um tipo de orientação que indica os próximos passos e/ou valida os que você está dando (o universo não entrega todas as respostas porque o aprendizado e o processo de descoberta são necessários para a jornada evolutiva da alma na Terra, que é em grande parte fazer escolhas que levam ao crescimento). Então, por exemplo, se você estiver manifestando alguém confiável para tomar conta das crianças, pode acabar encontrando um amigo no mercado cuja babá está procurando trabalho extra. Ou, enquanto ouve um podcast, você pode escutar ótimos conselhos sobre viagens baratas quando estiver manifestando uma viagem sensacional de aniversário. E como você saberá se uma conversa, episódio ou reunião repentina é significativa para suas medidas de ação? Como agora você está vibrando em uma frequência mais alta, seus instintos lhe darão um empurrãozinho. Você pensará "Ah, isso é bom" ou "Uau, que coincidência!" Se eu bater o dedo do pé, vejo isso como um feedback do universo e presto atenção ao que está acontecendo naquele momento para explicar por que Deus está chamando minha atenção. Eu me pergunto: *O que esse sinal significa e por que Deus está me mostrando isso neste momento?* Aumentar sua consciência em relação aos sinais também acelerará as manifestações, pois, essencialmente, você está conversando com o universo quando os reconhece e, então, os segue em direção ao seu objetivo.

Agora você pode descobrir que, ao planejar e dar cada passo, você se sente tentado a mergulhar em suas programações passadas ao reagir ou determinar o que vem a seguir — e é aí que seu modelo de manifestação se torna especialmente útil. Descobrir uma série de ações é uma manobra muito metódica que requer o uso do lado esquerdo do cérebro, e sua programação pode ficar tentada a controlar e até a se preocupar com o que está por vir. Quando uma medida de ação desencadeia sentimentos de baixa vibração decorrentes principalmente do medo — medo da perda, medo do desconhecido, medo da rejeição, e assim por diante —, seu modelo lhe diz como lidar rapidamente com esse bloqueio, para que você não precise fazer um registro e um desembaraço energético completo, a menos que tenha um trabalho mais profundo a realizar. E você saberá se é hora de cavar mais fundo, porque as técnicas do modelo parecerão simples demais para desembaraçar sua energia. Você sentirá que o problema é muito mais profundo do que achou em um primeiro instante e, então, se sentirá motivado a resolvê-lo.

Neste capítulo, ilustrarei como criar um modelo de manifestação para que você possa dar os passos finais da manifestação da maneira mais limpa e direta possível. À medida que você entra na reta final de seu objetivo de manifestação, seu modelo dará suporte às suas medidas de ação para que você possa trabalhar em conjunto com o universo na busca de um resultado que pareça sem esforço e que foi destinado a acontecer. Você pode encontrar alguns contratempos ao longo do caminho, mas tente ver isso como um feedback que lhe permite receber sua manifestação alicerçada no bem maior. Seu objetivo está tão perto, que você pode praticamente senti-lo!

Esboçando um Modelo de Manifestação

Para cada objetivo que você tem, um modelo de manifestação é obrigatório, porque o ajuda a traçar o melhor caminho para transformar objetivos otimistas em realidades concretas. Também ajuda a descobrir como reagir aos gatilhos, pois as medidas de ação podem colocá-lo em situações fora de sua zona de conforto. Refiro-me aos modelos de manifestação dessa forma porque, para mim, um modelo é um plano de jogo — um projeto técnico que mantém você no caminho certo, com suas intenções e desejos originais. As emoções não poderão influenciá-los, e incidentes aleatórios não os tiram do ritmo, porque foram criados em um estado limpo e claro. Seu modelo de manifestação, logo, abordará três pontos principais que o manterão alinhado com seu objetivo de manifestação: 1) como criar uma "mentalidade de expectativa" à medida que você dá passos em direção ao seu objetivo; 2) como tomar suas medidas de ação de maneira mais eficaz; e 3) como reagir quando uma dessas medidas causar um gatilho para que você possa manter sua vibração alta e não se submeter a uma frequência mais baixa e baseada no medo ou em suas programações. Você não tem que anotar as medidas, mas eu acho que isso ajuda para que você possa excluir aquelas que parecem ser excessivas e riscar da lista as medidas que você já tomou até o momento. Você pode escrevê-las na mesma parte de seu diário em que escreveu sua declaração de manifestação e fez seu desenho.

Crie uma Mentalidade de Expectativa

O primeiro passo crucial para criar um ótimo modelo envolve afinar seu estado de espírito para que suas medidas de ação sejam alimentadas por *grandes expectativas*. Eu sei que você já fez, e continua fazendo, tudo o que pode para sustentar uma vibração positiva. Agora eu gostaria que você fizesse um ajuste final e poderoso em sua perspectiva. Gostaria que decidisse, conscientemente, sem qualquer sombra de dúvida, que seu objetivo será alcançado. A maneira ideal de fazer isso não é por meio de um diálogo interno, mas adotando o estado de espírito em que a manifestação já está acontecendo, assim como se você a tivesse programado como um evento futuro em seu calendário. Se você pensar em como é, digamos, marcar uma ida ao salão, o momento em que você agendou a atividade e a marcou em seu calendário, sua mente ficará relaxada, e você acreditará que ela acontecerá. Você não duvida que isso vá acontecer nem pensa em 837 planos reservas se as coisas não derem certo. Você não antecipa um desgaste emocional baseado em uma experiência ruim do passado ou uma que ainda acontecerá. Você se sente neutro e segue em frente. E se programar um evento mais empolgante, como uma festa de aniversário, você adotará uma mentalidade de expectativa semelhante, mas com o acréscimo emocional e o aumento da frequência da felicidade. Em ambos os casos, você vibra em um nível neutro ou em um mais alto enquanto espera um resultado razoável. Manifestar com o pressuposto de que seu objetivo acontecerá deve passar uma sensação parecida com a desses exemplos.

Estabelecer a expectativa de que uma manifestação já está no caminho para chegar até você também o abre energeticamente para um futuro que ainda não aconteceu e desperta a vibração da possibilidade. A crença nessa possibilidade move a energia mais rapidamente porque é motivada pela fé, esperança e confiança, que são intenções positivas. Agir como se seu objetivo já estivesse bem encaminhado também dá suporte a uma vibração alta e dominante. Se você agir como se sua alma gêmea ou a relação restaurada com sua mãe estivessem batendo à sua porta, se sentirá elevado no quesito vibracional e puxará essa frequência em sua direção. Mesmo de um ponto de vista religioso, fé e expectativa andam de mãos dadas. A Bíblia diz, no livro de Isaías, que Deus sempre está buscando e desejando ser bom para você, mas primeiro você tem que *esperar* que Deus seja gentil. Não sou uma pessoa particularmente religiosa, mas amo a verdade subjacente dessa declaração.

Embora no capítulo anterior eu tenha desencorajado você de usar afirmações como "Eu sou/Eu estou" enquanto estiver fazendo sua declaração de manifestação (porque é menos provável que sua mente aceite uma afirmação que é mais otimista do que realista), agora que você está *combinando uma mentalidade de expectativa com medidas de ação*, ficará mais fácil para sua mente acreditar que qualquer resultado é possível. E quando o universo mostra essas medidas, sua mente fica animada para abraçá-las como indicadores positivos do que fazer a seguir, em vez de descartá-las como coincidências ou vê-las pela perspectiva de uma persona ou programação passada. Isso me lembra de minha cliente Carmine, uma mãe dona de casa cujo marido era um empreiteiro desempregado quando nós nos conhecemos. E, embora a família estivesse em uma situação tão ruim que eles dependiam da ajuda do governo para comer, Carmine conseguiu pegar emprestado dinheiro suficiente com seus pais para participar de meu programa online de trinta dias — e baseando-se no que aprendeu, ela conseguiu manifestar o valor de um de meus eventos ao vivo, que chegou até ela de forma inesperada pelo correio, como uma restituição fiscal atrasada! Ela também visualizou conhecer eu e meu marido em nosso evento ao vivo e que nossos filhos brincariam juntos em um dos intervalos de almoço. Pois bem, foi exatamente o que aconteceu.

O mais importante foi que Carmine aprendeu detalhadamente, no meu workshop, a dominar meus oito segredos de manifestação, os quais começou a usar diariamente. Dentro de três meses, o marido de Carmine estava trabalhando novamente, e eles conseguiram sair das dívidas. O que mais me impressionou quando conheci Carmine, no entanto, não foi necessariamente sua desenvoltura ou determinação, mas sua convicção mental e sua mentalidade de expectativa, que davam suporte às medidas de ação dela. Ela nunca duvidou, por exemplo, quando recebeu um sinal para vender um dos carros que eles tinham para pagar algumas contas ou quando levou o marido junto para um de meus workshops para que os objetivos financeiros de manifestação deles estivessem sincronizados. Desde o início, a mente focada de Carmine estava completamente de acordo com as medidas que ela tinha que tomar na direção de seus objetivos de manifestação, e como resultado, o dinheiro de que ela precisava para sua família se recuperar veio sem que ela precisasse se preocupar.

Há algumas maneiras práticas de mudar sua mente para um estado de expectativa positiva se você acha difícil fazer isso apenas usando a imaginação. O primeiro truque pede que você, na verdade, não vá tão longe a ponto de ver as coisas como espera que aconteçam, mas sim vê-las como estão no momento. Se você analisar um resultado possível sem ficar excessivamente otimista ou pessimista, parará em um estado neutro, ou pelo menos de predisposição, que pende para a possibilidade — e isso gradualmente abre o caminho para a expectativa. Afinal, se você está em uma situação em que a vida parece dolorosa e difícil, pode ser um salto muito grande esperar que tudo fique maravilhoso e simples; fazer uma abordagem escalonada pode ser mais fácil de digerir mentalmente. Eu entendo. Portanto, depois de ver as coisas como elas são, considere se determinado resultado é possível. Pergunte a si mesmo: *Se é fácil esperar que minha manifestação dê errado, é possível esperar da mesma forma que minha manifestação se torne realidade?* É muito provável que sua mente concorde que sim e sua mentalidade de expectativa a acompanhe. Por exemplo, vamos dizer que você sofre de sintomas crônicos e contínuos do que já foi uma infecção aguda. Você se sente horrível, então admitiremos abertamente isso. A partir daí, pode ser difícil acreditar imediatamente que se curar está em seu destino. Contudo, se é fácil esperar uma vida inteira de enfermidade, também não é possível esperar uma recuperação total? Claro que é! A partir daí, você deve esperar que a melhora de sua saúde está chegando. O bem-estar de nossas células é influenciado pela energia, incluindo a energia de pensamento.

Você também pode contar com outras pessoas para o ajudarem a olhar na direção da chegada certa do resultado de sua manifestação. Um jeito de fazer isso é buscar provas concretas das experiências de outras pessoas que mostrem que seu objetivo é possível. Por exemplo, se você está manifestando uma relação de coparentalidade amigável com seu ex, encontre alguém em uma situação semelhante à sua e que fez isso da mesma maneira que você gostaria de fazer. Existe alguma *influencer* no Instagram que tenha esse modelo de relação ou um autor que escreveu sobre uma experiência semelhante à sua? O comportamento deles, para não mencionar a energia (mesmo por meio de um livro, computador ou tela de celular!), pode informar suas medidas de ação.

Quando comecei a manifestar êxito empresarial pela primeira vez, assistia a muitas entrevistas com celebridades e a palestrantes motivacionais em vídeos no YouTube para comprovar que eu poderia alcançar o nível de conquista deles. Os vídeos também ajudavam porque destacavam os jeitos específicos pelos quais essas histórias de sucesso superaram as dificuldades para alcançar seus objetivos — e isso me ajudou a elaborar medidas de ação à medida que minha mente concordava com a noção de que a cura emocional e o sucesso eram coisas possíveis para mim também. Outra opção é achar um parceiro durante suas medidas de ação. Pode ser seu companheiro ou companheira, um amigo, um parente ou um novo conhecido em quem você confie — o que importa é que eles ofereçam uma perspectiva equilibrada e encorajadora enquanto você toma suas medidas. Se seu parceiro acredita em seu objetivo e espera que você e sua manifestação tenham sucesso, há uma boa chance de que você também acredite e espere a mesma coisa. Apenas ter uma conversa com eles ou dar uma volta juntos pode funcionar como uma quebra de padrão, caso você esteja precisando de uma.

Tome Suas Medidas de Ação com Sabedoria

Uma vez que você se encontra em um estado de expectativa positiva, tome as medidas de ação necessárias para alcançar seus objetivos. Gosto de me referir às medidas de ação como sendo o "AMZ da manifestação" (em referência à expressão "de A a Z"), porque, em vez de seguir as etapas lineares do A para o B para o C até chegar ao Z, o seu modelo de manifestação permite que você dê saltos do A para o M para o Z, por exemplo. Então, de novo, depois que você estabeleceu sua manifestação, o universo enviará sinais sobre quais devem ser seus próximos passos, e por si só eles geralmente o ajudarão a ir em frente. Esses sinais podem incluir medidas práticas, como um velho amigo entrar em contato repentinamente, enquanto você estava ocupado manifestando um nutricionista, para contar que superou as mesmas alergias alimentares que você tem com a ajuda de um nutricionista integrativo. Você também pode receber a validação de que está no caminho certo ao ver borboletas do lado de fora da janela de seu quarto quando toma uma medida de ação ou notar números repetidos em seu relógio que parecem um "joinha" vindo do universo, indicando que as coisas estão se encaminhando em sua direção.

O processo AMZ funcionou bem para uma participante de um dos workshops passados chamada Joan, que era uma terapeuta. Ela tratava mulheres vítimas de tráfico e de abuso e queria manifestar um centro de retiro de cura para elas. Com uma mentalidade de expectativa, Joan sabia que seu primeiro passo era conseguir o capital inicial para o negócio, e dois dias depois de escrever isso em um papel, ela recebeu um telefonema da tia. Joan contou a ela sobre o centro de retiro, e, sem perder tempo, a tia dela se sentiu tão inspirada, que ofereceu para Joan a quantia exata de que ela precisava para começar a construção. Isso permitiu que ela pulasse etapas em direção a seu objetivo, como pesquisar como pegar um empréstimo, preencher a papelada necessária, procurar possíveis investidores, e assim por diante.

O processo AMZ também deu certo para uma cliente chamada Trina, uma mulher incrível, veterana do exército, que queria abrir uma empresa de sais de banho. Ela me contou que esteve tentando manifestar isso por anos e tinha todo o planejamento, os produtos e o entusiasmo, mas não conseguia ir em frente. Eu peguei minha lousa e perguntei à Trina quais medidas ela achava que precisava tomar para fazer isso acontecer. Trina tinha aproximadamente quinze medidas em mente, algumas das quais levariam meses para serem cumpridas ou que precisariam de recursos que ela ainda não tinha. Depois que fizemos nossa lista, eu analisei cada tarefa e perguntei: "Por que nós precisamos tomar essa medida? Podemos abrir a empresa sem isso?" Terminamos com apenas três medidas que não podiam ser eliminadas e uma data de lançamento para duas semanas depois. Quanta diferença! Trina tinha um problema puramente tático que seu modelo perceptível estava atrapalhando. Então ela começou seu processo de manifestação do zero com uma energia intencional positiva e tomou as três medidas de ação que designamos. A mente e a energia de Trina realmente esperavam que o lançamento acontecesse agora que ela havia revisado seu plano de ação e estava começando a operar normalmente dentro do prazo. Nós duas até fizemos uma parceria para vender online alguns dos produtos incrivelmente curativos dela!

Controlando Obstáculos e Gatilhos

Embora o processo de manifestação possa fluir naturalmente do começo ao fim, também é possível descobrir quais medidas de ação podem, de alguma forma, causar gatilhos em você. Se isso acontecer, altere sua mente para a neutralidade, veja isso como um feedback do universo. Então, para evitar ter que fazer um processo de registro e um desembaraço energético completo para redefinir seus pensamentos e sua energia, escolha uma destas duas técnicas: a primeira (e mais fácil) maneira de responder a um obstáculo ou um gatilho é usar uma quebra de padrão. Se uma medida de ação como enviar um e-mail para um colega de trabalho não dá a resposta que você gostaria de receber, em vez de pirar achando que sua manifestação está fracassando, desistir e ir para cama às 17 horas, force a si mesmo, em vez disso, a dar uma caminhada rápida para melhorar o astral. Ou, se uma medida como ligar para uma amiga briguenta para fazer as pazes resultar em irritação e em uma reação explosiva, respire fundo dez vezes e lembre-se dos melhores atributos daquela pessoa. A segunda forma de lidar com obstáculos e gatilhos é criar uma afirmação modelo que mantém sua manifestação nos trilhos. No Capítulo 2, sugeri que você criasse uma afirmação abrangente que descrevesse a vida que deseja e que voltasse a essa afirmação para se responsabilizar se percebesse que estava desviando do mantra. Da mesma forma, quando você está em uma encruzilhada durante as medidas de ação, questione se sua resposta está alinhada com sua afirmação modelo. Por exemplo, se você quer manifestar um acordo literário, sua afirmação modelo pode ser "eu estou prestes a fechar um acordo que ajuda os outros e faz com que eu me sinta feliz" — e se achar que suas medidas de ação não estão alinhadas com essa afirmação, pode substituí-la por uma medida nova.

Quando as medidas de ação causam um gatilho emocional ou levam a um próximo passo inesperado, acredite que isso não é um erro ou um desvio maligno, mas que tudo faz parte de um plano maior de Deus. *Tudo que aparece depois de você definir sua manifestação é um feedback universal para garantir que seu objetivo chegue à vibração mais alta possível.* Se você der de cara com uma parede enquanto está tomando medidas ou se sentir estranho emocionalmente, isso é o universo pedindo que você cure sua reação e a energia ao redor dela. Quando lancei minha empresa, manifestei que ganharia uma certa quantia de dinheiro com um número específico de clientes a cada mês. Como uma de minhas medidas de ação iniciais, postei sobre meus serviços privados no Facebook, e os clientes começaram a aparecer. Meu primeiro esforço foi um grande sucesso e muito simples, assim como eu havia manifestado. E como isso foi mais do que encorajador, me senti intuitivamente levada a repetir meus esforços no mês seguinte. Dessa vez, no entanto, me deparei com uma série de obstáculos, mesmo esperando ter um mês bem-sucedido e tomando as medidas de ação no estilo AMZ. Eu saía de um hotel para outro, as propriedades alugadas para meu workshop não davam certo e meu dinheiro estava acabando rápido. Eu estava aborrecida e confusa. Porém, quando pensei sobre como tudo havia acontecido, percebi que, depois de meu primeiro mês ter sido um sucesso, estive reprimindo um medo corrosivo e uma ansiedade a respeito de alcançar o número de clientes e a renda que tinha manifestado. Senti que esse obstáculo precisaria de mais do que uma quebra de padrão ou de um modelo para ser superado. Eu tinha que desembaraçar a energia um pouco.

Sentada enquanto meditava, fiz o registro e então me perguntei: *Qual a pior coisa que poderia acontecer se eu continuasse conseguindo o que queria?* Quase que imediatamente, percebi que estava absolutamente apavorada pelo fato de que, se minha empresa prosperasse, eu perderia meu namorado, que agora é meu marido, Oliver. Veja só, eu tinha em mente que a motivação profissional de minha mãe havia sido um problema no casamento dela e não queria repetir aquele padrão perceptível. Na minha cabeça, Oliver era muito mais importante do que o sucesso, e eu acreditava que tinha que escolher um ou outro. Acreditava tão fervorosamente nessa possibilidade, que, na verdade, pisei no freio durante todo o processo de manifestação e, inconscientemente, comecei a contramanifestar a partir de minha bobina subconsciente. Eu mesma provoquei um mês péssimo porque minhas medidas de ação estavam desencadeando minhas programações passadas de um jeito inesperado. Depois de desembaraçar a energia densa em volta de minha manifestação, decidi mudar minha mentalidade e adicionar uma medida de ação importante em meu processo que funcionaria como uma quebra de padrão quando eu ganhasse dinheiro: eu comemoraria meu sucesso com meu marido. Então, toda vez que um cheque chegasse pelo correio, nós sairíamos para um jantar especial, tomaríamos um banho romântico juntos, daríamos uma volta de carro — basicamente, passaríamos algum tempo juntos de um jeito que me deixasse mais próxima dele, em vez de me sentir ameaçada pela possibilidade da separação. Comecei a ver o dinheiro como uma recompensa gratificante, em vez de um problema em potencial. Na manhã seguinte, enquanto eu estava manifestando, disse para o universo: "Você queria que viéssemos para Sedona, e aqui nós estamos. Deixe bem claro que você quer que eu permaneça aqui ao me dar um lugar para viver e um fluxo de rendimentos." Dentro de poucas horas, meu telefone e meu e-mail estavam bem ocupados com seis clientes incríveis que pareceram cair do céu. Achei um imóvel para alugar que pertencia a um senhorio muito gente boa, que se tornou um amigo querido meu e de meu marido. Depois de meu evento seguinte, tive o mesmo número de clientes e consegui o mesmo lucro daquele primeiro mês lucrativo. Minhas medidas de ação trouxeram à luz um problema que eu precisava tratar antes que me fosse entregue minha manifestação no bem maior. O que inicialmente se apresentou como um problema era, na verdade, uma oportunidade para o crescimento e uma abundância consistente.

Quando o feedback do universo obstrui o fluxo de sua manifestação, ele tem o poder de mudar tudo. Sou uma verdadeira mãe ursa, então manifestações a respeito de formar uma família me comovem de verdade. Vários casais já me procuraram com a esperança de conseguir engravidar, e é impressionante assistir aos feedbacks das medidas de ação mudarem os resultados de suas manifestações. Minha cliente Leah, por exemplo, teve três filhos lindos por meio da fertilização *in vitro* (FIV), mas quando ela e seu marido tentaram ter um quarto bebê, a idade dela se tornou um problema, e os esforços pela FIV não funcionaram. Embora Leah tivesse pensado que a FIV fosse uma de suas medidas de ação enquanto manifestava um filho, suas gravidezes interrompidas se revelaram como um feedback universal. Leah e eu então percebemos que uma discussão recente com a mãe dela sobre as implicações financeiras de aumentar a família a tinham impedido de ter um quarto filho. Simplesmente reconhecer esse problema, perdoar mentalmente a mãe por plantar mais sementes de dúvidas em sua cabeça e, então, alterar uma mentalidade de expectativa foi o suficiente para trazer a manifestação de Leah à vida — naturalmente! Leah imediatamente ficou grávida, sem precisar ir à clínica de fertilização, e finalmente tem a família grande com a qual sempre sonhou.

Quanto mais você manifesta, mas claro fica que esse processo aparentemente mágico é simplesmente uma troca calma e grata entre você e o universo. É um diálogo que o desperta para as oportunidades passadas que imploram para ser curadas e para objetivos empolgantes que estão aí para você alcançá-los. Quanto mais você manifesta, menos esforço precisa fazer para isso. Para mim, manifestar é um estilo de vida. É simplesmente como eu faço as coisas, e com a prática, somada à sua nova perspectiva, também será dessa forma para você. Vamos reformular as regras que regem sua vida (desvendar o segredo nº 7) para que sua mentalidade milagrosa surja naturalmente.

Dicas e Lições

🔓 Um modelo de manifestação é um plano de jogo — um projeto técnico que o mantém no caminho certo com suas intenções e desejos originais. Ele também o ajuda a descobrir como reagir a gatilhos.

🔓 Depois que você colocar uma manifestação em ação, o universo enviará vários sinais de que seu objetivo está tomando forma e também apontará coisas práticas que você pode fazer para ajudar seu objetivo a dar frutos.

🔓 Você não será direcionado a *cada* movimento que deve fazer, mas notará um tipo de orientação que indica os próximos passos e/ou valida os que você der.

🔓 Se uma medida de ação causar algum gatilho, altere sua mente para a neutralidade e veja isso como um feedback do universo.

🔓 Estabeleça a expectativa de que uma manifestação já está a caminho. Isso o abre energeticamente para um futuro que ainda não aconteceu e desperta a vibração da possibilidade. A crença nessa possibilidade move a energia mais rapidamente porque é motivada pela fé, esperança e confiança, que são intenções positivas. Agir como se seu objetivo já estivesse bem encaminhado dá suporte a uma vibração alta e dominante.

Mais Recursos e Downloads Gratuitos[1]

Se você gostou deste capítulo, eu criei um PDF disponível para download chamado: *"My Manifestation Blueprint"* [Meu Modelo de Manifestação, em tradução livre], um guia de uma página que você pode imprimir e preencher as lacunas. Cole-o em seu espelho para ter melhores resultados.

Faça o download de graça no site www.authenticliving.com/gifts.

---

[1] Todos os conteúdos bônus presentes no final dos capítulos estão disponibilizados em inglês. A Editora Alta Books não se responsabiliza tampouco gerencia o conteúdo adicional oferecido exclusivamente pela autora da obra.

Capítulo 10

Segredo n° 7

REFORMULE AS REGRAS RESTANTES

Você já se perguntou como é experimentar uma vida repleta de felicidade verdadeira, com centralidade consistente e em unidade com o seu eu mais elevado? Nela, dia após dia, os milagres são o novo normal, e você se sente empolgado com o que vem a seguir, porque o que vem a seguir é sempre incrível?

Neste ponto de nosso tempo juntos, você *sabe* que tudo isso é possível, porque os segredos que praticou até agora começaram a mudar sua vida. Por ter aprendido a lidar com seus gatilhos e tomar medidas simples para manter sua vibração alta durante e entre os objetivos de manifestação, você criou uma base cada vez mais forte para uma vida invejável — uma na qual seus maiores desejos estão sempre tomando forma. E, com tantos impulsos energéticos do tipo certo atrás de você, coisas boas aleatórias logo começarão a acontecer com você e para você, sem que seja preciso fazer um esforço consciente. Isso ocorre porque sua energia existe naturalmente em um plano superior agora, em que introduções e oportunidades fortuitas são atraídas para você porque é assim que as coisas são. É nesse espaço que eu gostaria que você revisasse as regras primárias restantes que regem sua vida, mas que ainda precisa abordar por meio do trabalho em cima dos gatilhos e da manifestação.

Reformular as regras é um dos toques finais em sua capacidade de deslizar livremente pelo mundo como o cocriador de uma vida gratificante que o deixa orgulhoso. No entanto, se você não abordar essas crenças persistentes e inibidoras, desacelerará as manifestações futuras e se verá dando de cara com a parede ou correndo em círculos para atravessar pelos seus dias. Você provavelmente acabaria abordando seus bloqueios relacionados quando sofresse um gatilho em algum momento, mas em prol de manter uma vibração alta e leve o tempo todo, renovar suas regras agora o aproxima proativamente do estado energético geral que você está buscando. Pense nesse processo como lixar a madeira de um armário de cozinha para deixá-la lisa desde o início e não arriscar encontrar uma lasca saindo de uma superfície áspera depois.

Neste capítulo, o encorajarei a avaliar e revisar suas regras restantes em categorias que definem seu estilo de vida — e depois a testar e atualizar cada uma delas, de vez em quando. Adoro esse exercício contínuo, pois é uma maneira indireta de dar suporte a manifestações futuras: você está abordando dinamicamente e elevando todas as crenças em sua vida que não estão funcionando para você. Quando você é capaz de reconhecer, definir e melhorar as crenças que motivam seu comportamento, é capaz de criar o que quiser, porque agora está despejando sua consciência em áreas que são apoiadas por crenças de alta vibração. O cérebro sempre fará o melhor para satisfazer as regras que guiam seu barco. As mais iluminadas dão as melhores opções para escolher.

Algumas Regras São Feitas para Serem Quebradas

Até ter começado as práticas deste livro, você provavelmente não percebeu que estava vivendo inconscientemente de acordo com um conjunto de regras ou crenças limitantes e autodestrutivas, definidas por sua programação passada. Suas ações eram, em sua maioria, reações subconscientes a experiências e traumas anteriores, o que permitia que elas florescessem neurológica e energeticamente, alimentando uma vida insatisfeita. Você operava a partir de uma programação projetada para autoproteção, em vez de perseguir o que queria. Como você construiu uma realidade abrangente em torno dessas velhas regras, tenho certeza de que não percebeu como elas eram maleáveis. Porém, as regras são bastante fluidas e devem evoluir à medida que você muda e cresce. E você deve sempre ter como objetivo continuar crescendo, o que significa que suas regras sempre avançarão com você.

Agora que você dominou vários segredos dos grandes manifestantes, tem uma abordagem nova da vida, completa, com limites atualizados e crenças mais fortalecedoras. Você também já ajustou muitas de suas regras, por meio de registros, desembaraços de energia, trabalho de persona e coisas do gênero. Na minha experiência, isso significa que, até agora, aproximadamente 75% das regras pelas quais você vive já foram ajustadas de alguma forma! Quando você aborda suas regras dominantes restantes, é mais fácil ativar o efeito dominó energético que eu tanto amo: quando as crenças mudam, sua energia e seu cérebro refletem isso, e coisas boas acontecem o tempo todo porque você está vivendo em vibrações mais altas. O que quer que esteja disponível nessas frequências torna-se facilmente acessível.

Reserve um minuto para pensar em algumas das regras que costumavam governar sua vida sem você saber e como conseguiu mudá-las. Você pode não ter definido suas crenças como regras genuínas, mas é isso que elas são. Talvez a crença de que "nunca serei capaz de sustentar minha família sendo mãe solteira" tenha mudado para "sempre conseguirei cuidar de mim e da minha família". Ou uma regra que foi definida como "meu relacionamento está condenado porque meu parceiro me traiu" evoluiu para "meu parceiro e eu escolhemos perdoar, ser abertos e nos comunicar com total confiança". Pense em como foi rápido e como foi bom ver essas regras guiarem seu comportamento e cocriarem uma realidade nova e melhor. Você pode imaginar como melhorar conscientemente seus pensamentos em algumas áreas restantes, então completará o quadro completo da vida incrível que é seu direito de nascença.

Decidir nomear e ajustar suas regras é crucial, porque sua mente precisa de construções mentais para trabalhar, um mapa de parâmetros que o guiam pelo seu tempo na Terra. É apenas como o processo cognitivo funciona. Por causa disso, você sempre criará regras, mesmo que sejam inconscientes, mas também poderá recriá-las e estabelecer novos caminhos neurológicos, pois a neuroplasticidade permite que o cérebro se expanda e mude também. Em um nível mais espiritual, outra maneira de ver isso é que nada na jornada de sua alma deve ser finito, e como isso é lindo! Sua mente, seu corpo e seu espírito estão entrelaçados, você está constantemente aprendendo lições que levam ao enriquecimento da alma, e, se o universo está sempre se expandindo, você também está. Reformular regras permite que as circunstâncias de sua vida mudem para que você possa criar uma realidade cada vez maior para si mesmo, em vez de uma realidade cada vez menor. Entendo que muita mudança pareça uma coisa assustadora, mas quando estou sobrecarregada, gosto de dizer a mim mesma que, se certas situações não forem as mesmas para sempre, em vez de terem o potencial de piorar, elas têm o mesmo potencial para melhorar. E quando você está vivendo por um etos vibracional elevado como esse, está sendo o seu eu mais autêntico e, portanto, está profundamente conectado e em fluxo com o universo.

Como mencionei, gosto de reavaliar constantemente minhas regras, sempre me movendo para dimensões vibracionais mais elevadas e tentando nunca retroceder. Quando a programação ditava sua vida, você vivia de acordo com regras que contradiziam o que achava que desejava e pelas quais estava trabalhando. Você pode ter sentido que estava fazendo tudo ao seu alcance para, digamos, perder peso, aumentar sua família ou curar seu corpo, mas se suas regras subjacentes insistissem secretamente que você sempre estaria acima do peso, que era clinicamente infértil ou que sua saúde estava permanentemente prejudicada, então você nunca progrediria nessas áreas. É muito mais produtivo imaginar conscientemente uma vida que você deseja para si mesmo e reformular as regras que o ajudarão a materializá-la.

Fiz com que reformular as regras fosse um dos últimos segredos de manifestantes altamente eficazes porque queria que você primeiro testemunhasse e experimentasse em sua própria vida o quanto é realista e poderoso ajustar suas crenças, seus pensamentos e sentimentos de uma maneira que lhe permita alcançar seus objetivos e mudar a trajetória geral de sua existência. Nesse ponto, você também deve ser capaz de identificar mais rapidamente as regras inconscientes e sufocantes que impedem sua capacidade de manifestar e viver de maneira nobre. Você está mais consciente de como é dar de cara com paredes e bloqueios que indicam uma energia embaraçada ou densa. Além de tudo isso, você está sintonizado com o quanto é ruim sem amor-próprio ou com baixa energia intencional, e ainda como responder a uma sensação incômoda de que seus objetivos não estão alinhados com suas crenças mais puras, seus valores vibracionais mais altos, e com o bem maior para os outros. Em outras palavras, você está na melhor posição — mental, neurológica e espiritualmente — para examinar claramente sua vida e determinar como fazer o resto dela funcionar para você.

Mas, primeiro, uma meditação

Antes de começar na prática o processo tático de examinar, revisar e testar suas novas regras, gostaria que se preparasse com uma meditação e visualização para obter o melhor resultado possível. Sugiro praticar esta meditação antes de começar a revisar suas regras restantes pela primeira vez, e também toda vez que ajustar uma regra existente no futuro. Este exercício consistentemente limpará sua mente para ajudá-lo a formular a regra mais proveitosa para você naquele momento.

Primeiro, feche os olhos, respire fundo três vezes e imagine-se em um quarto branco. Visualize uma caixa lindamente decorada em uma mesa à sua frente. Com uma faca, corte todos os quatro lados da caixa para que ela se abra suavemente. Dentro da caixa, você notará pedaços de papel, talvez fichas, cada uma com uma regra escrita. Para reformular uma ou mais regras, imagine-se removendo os papéis cujas regras não sirvam mais e substituindo-os por regras manuscritas que estejam a seu favor. Coloque suas novas regras, e aquelas que ainda funcionam, em uma nova caixa ou pote que seja ainda mais lindo do que a anterior. Não se surpreenda se novas regras aparecerem intuitivamente em sua mente enquanto você fizer este exercício, o universo fica atento quando meditamos sobre o autocrescimento dessa forma. Se você é um visualizador muito capaz e específico, pode querer imaginar que sua nova caixa de regras se parece com uma caixa de receitas, com cartões organizados por divisórias nas várias categorias que você queira que estejam lá. Remover antigos cartões de anotações e substituí-los por novos nas categorias de estilo de vida correspondentes pode ajudar sua mente e a energia do universo a reconhecer suas regras mais especificamente. Imagine a caixa sendo preenchida por uma luz abundante e colorida que desce dos céus. A luz pode ser rosa, se essa for para você uma cor relacionada ao amor, ou azul, que pode fazer você se sentir forte. Não há cor "errada" aqui; como algumas de suas regras, as cores virão até você intuitivamente e o farão se sentir à vontade. Tenha certeza de que essa luz brilhante vem de uma fonte divina e que ela está o abençoando e ajudando a decretar suas novas regras. Finalmente, assim que estiver pronto, respire fundo algumas vezes e abra os olhos.

Identificar, Revisar e Testar

Quando se trata de reformular regras, você pode fazer isso deliberadamente, como um exercício, ou organicamente, ao se deparar com regras que não funcionam mais — ou alguma combinação confortável e intuitiva de ambos, que é o que eu faço. Se você abordar suas regras como um exercício, eu o estimulo a registrar suas regras em um diário ou caderno, para que você possa consultá-las conforme necessário e também acompanhar seu crescimento. Por outro lado, se decidir simplesmente reformulá-las à medida que as experimenta, saberá que é hora de começar a escrever quando sentir que atingiu um obstáculo, sentir uma energia pesada ou densa ou perceber como uma manifestação ou objetivo está demorando muito para se materializar.

Se estiver revisando deliberadamente as regras como um exercício, gostaria que começasse escrevendo categorias de prioridades que são significativas para você. Pode ser útil pensar em si mesmo como um bolo de aniversário delicioso e imponente e nessas categorias como os ingredientes que tornam a receita funcional e única. Para a maioria de meus clientes, suas categorias (ou ingredientes) são finanças, carreira/sucesso, relacionamentos familiares, relacionamentos românticos, amor-próprio, trabalho por um propósito, espiritualidade e saúde — mas você deve criar categorias que pareçam específicas para sua vida. Você também não precisa reformular as regras que estão funcionando para você; apenas aquelas que não estão. Depois de descobrir essas regras e crenças abrangentes, você pode listar: 1) a regra dominante que rege sua vida em cada categoria e 2) qual regra gostaria que regesse sua vida. Se não puder identificar imediatamente sua regra dentro de uma categoria, pense em como essa categoria não está funcionando do jeito que você gostaria e destrinche uma regra que levou a esse tipo de resultado. Então, por exemplo, sob o amor romântico, você pode reconhecer que muitos de seus ex eram narcisistas ofensivos. Talvez sua regra existente seja: "O amor é abusivo, controlador e manipulador." Em seguida, determine por qual regra você gostaria de substituí-la. Talvez por: "O amor é solidário, vulnerável e autêntico."

Agora que você conhece suas regras existentes e ideais, considere quais crenças você gostaria de viver para ir do ponto A ao B. Minha experiência diz que a maioria de nós não pode simplesmente dar um grande salto, digamos, do amor abusivo ao amor autêntico, então, em vez disso, sugiro que você siga regras graduais até chegar à sua regra final. Dar passos incrementais ajuda a silenciar qualquer ansiedade ou medo que você possa ter de fracassar, de autossabotagem, de experimentar esperanças frustradas e coisas do gênero — tudo isso carrega uma vibração baixa e densa e vai contra o ponto de reformular suas regras em primeiro lugar.

Para criar essas regras intermediárias, gostaria que você escrevesse uma nova regra para cada categoria a cada noventa dias ou quando sentir intuitivamente que uma regra antiga está opressiva ou não dá mais apoio à sua felicidade. Sua nova regra, é claro, deve ser leve e inspiradora. Com cada regra que criar, você então viverá de acordo com ela, testando-a em tantas circunstâncias naturais quanto possível para ter certeza de que é eficaz. Se não for, descarte-a e tente novamente. Como acontece com tantos outros princípios deste livro, você não quer se forçar a praticar uma regra inútil porque isso vai contra as inclinações naturais da mente e diminuirá as frequências que ela emite. Se a nova regra trouxer o resultado que deseja, então você a manterá até que os noventa dias terminem ou se a regra estiver pesada e implorando para ser reformulada. Quando for a hora de reformular *essa* regra, você criará outra nova e manterá o processo em andamento. Entendeu?

Não há limite para quantas regras ou etapas são necessárias para chegar à sua regra ideal. Você pode escrever quantas regras quiser entre as regras originais e ideais. Você pode até ajustar a regra final quando chegar a ela, e isso é ótimo. Suas novas regras estimulam o crescimento pessoal, e, com isso, surgem novos insights sobre como você gostaria de acrescentar significado e realização ao seu futuro. Para algumas categorias, talvez você nunca possa ter uma regra final ideal. Você pode optar por continuar ajustando suas regras à medida que os anos passam e suas prioridades e estilo de vida mudam com o tempo.

Então, para continuar com o exemplo da regra do amor, depois de reconhecer que sua regra velha e contraproducente em torno do amor romântico é "O amor é abusivo, controlador e manipulador", sua nova regra pode ser "Admito que isso não é amor, e quando encontrar uma situação que pareça ser amor, questionarei se ela é abusiva, controladora e manipuladora". A partir daí, você pode revisar a regra para dizer: "Se eu sentir formas de amor prejudiciais, não me permitirei experimentá-las. Conversarei com meu parceiro sobre curar o padrão ou optar por ir embora." Veja o quanto você está perto de encontrar um amor que seja "apoiador, vulnerável e autêntico". Qual é a sua regra ideal? Pequenos passos na direção positiva e certa facilitam a prática de suas regras.

Quando se trata de algumas categorias, como carreira e finanças, suas regras podem ser menos emocionais e mais tangíveis. Quanto mais específica você puder fazer uma regra, mais fácil será para sua mente executá-la e para a energia do universo igualá-la. Uma regra antiga sobre o sucesso na carreira pode ser "Tenho que trabalhar doze horas por dia e não ter vida familiar para ganhar US\$200 mil por ano", o que poderia levar a "Posso ter uma família e trabalhar oito horas por dia para ganhar US\$200 mil por ano" e, eventualmente, "Posso trabalhar quando quiser e ganhar tanto dinheiro quanto quiser, porque o tempo não equivale automaticamente ao sucesso. Eu também posso ter um relacionamento incrível com meus filhos e meu cônjuge". Ao modificar suas regras, você gradualmente incorpora os valores e objetivos que está nomeando — tudo isso enquanto cria uma mentalidade de expectativa e uma crença em um resultado positivo que prepara energicamente o caminho para que encontros casuais e milagres regulares aconteçam.

Já que todos nós vivemos em um mundo 3D, nossas regras não existem em um vácuo espiritual exclusivo. Nem sempre devemos simplesmente fazer uma regra, declará-la ao universo e depois esperar que Deus jogue coisas boas em nosso colo o tempo todo. Pode acontecer dessa maneira às vezes, mas, com a mesma frequência, como nas medidas de ação associadas às manifestações, sua vibração mais elevada pode ser uma peça de um quebra-cabeça maior e mais proativo. Quando trabalhei com pacientes que sofriam de doenças psicossomáticas, conheci uma jovem de 20 anos chamada Chanel que sofria de graves danos nos nervos das costas por ter caído de um cavalo. Uma das primeiras coisas que ela me disse foi que todos os médicos e especialistas com quem ela se consultou — de neurologistas a fisioterapeutas, acupunturistas, quiropraxistas e outros — insistiram que sua lesão era incurável, e, como resultado, ela não tinha mais fé na capacidade do mundo médico de curá-la. A primeira coisa que fiz, então, foi apresentá-la a um cientista que, em termos muito clínicos, explicou que, com as ferramentas certas, as costas de Chanel poderiam melhorar quando as células recebessem o estímulo elétrico certo. Ele continuou explicando que os campos magnéticos de certos dispositivos provaram influenciar as reações bioquímicas em uma base celular. Enquanto esse especialista falava, observei o rosto e a linguagem corporal de Chanel se transformarem de obstinação e derrota em aceitação e esperança. Essa foi minha deixa para ajudá-la a criar uma nova regra que mudaria sua vida.

Pude ver como a velha e fútil regra ou crença de Chanel, "Não posso me curar e os médicos não podem me ajudar", já havia mudado para "Acredito que a cura é possível no ambiente certo". E enquanto ela aceitava como isso poderia melhorar drasticamente o reparo de seu corpo, o médico se preparou para usar um papimi, um dispositivo médico revolucionário também conhecido como terapia de campo magnético eletricamente pulsante, que induz oscilações eletromagnéticas pulsadas de alta frequência. A máquina nunca faz contato direto com o corpo, mas sua voltagem é capaz de influenciar o equilíbrio energético das mitocôndrias, o que eleva o potencial de cura em um nível celular. Depois de apenas algumas sessões com essa tecnologia e algumas outras terapias, me disseram que Chanel recuperou uma quantidade significativa de sensibilidade nas costas em um ponto em que antes ela não sentia nada — um efeito de cura notável, dada a extensão de seus danos! Acredito que, como a nova regra de Chanel tornou possível que sua mente e energia adotassem um resultado positivo, seu corpo ficou ainda mais receptivo à mudança de rumo.

Esboçando Suas Regras

Como tenho certeza de que você reparou, há várias maneiras para elaborar suas regras. Gosto de comparar minha regra antiga com minha regra ideal e, no meio disso, pensar instintivamente nas regras intersticiais à medida que crio e depois testo cada regra nova. Contudo, você também pode identificar sua regra antiga e, em seguida, escrever novas regras à medida que surgem diferentes situações que o levem a pensar nelas; eventualmente, você chegará à sua regra ideal ou talvez sempre a deixará em aberto para poder evoluir com ela. Outra opção realmente útil é anotar sua regra antiga, sua regra ideal e, em seguida, responder a três perguntas muito simples que o ajudam a determinar quaisquer novas regras intermediárias. As perguntas são: 1) Essa crença é verdadeira? 2) Essa crença tem que ser verdadeira no futuro? 3) O que pode ser uma nova verdade que eu possa aceitar prontamente? A resposta à sua pergunta final se tornará sua nova regra.

Usar essas três perguntas é especialmente esclarecedor quando você está atualizando uma regra carregada de um histórico complicado, porque o força a confrontar sua realidade atual e formular uma regra que o ajude a navegar por ela naquele momento. Isso me faz pensar em minha cliente Geena, que se mudou com os filhos para a pequena casa de sua mãe enquanto estava com dificuldades financeiras. Depois de apenas dois meses, Geena e a mãe estavam constantemente remoendo queixas do passado e discutindo sobre as habilidades maternas de Geena. A proximidade e o grande estresse não ajudavam, e, um ano depois, Geena decidiu que precisava se mudar com a família — mas só se sentiu confortável fazendo isso quando estava mais bem resolvida com a mãe. Ela percebeu que, quando se tratava da mãe, vivia de acordo com uma velha regra, "Minha mãe é quem ela é e nunca vai mudar", o que só causava mais sofrimento a Geena. Ela decidiu que sua regra ideal seria "Tenho um relacionamento curado com minha mãe", mas também sabia que isso não era realista de imediato. Em meio a isso, Geena usou as três perguntas para criar suas novas regras. Quando sua primeira velha crença começou a soar opressora e falsa e ela admitiu que essa regra não precisava ser verdade no futuro, Geena a mudou para "Eu posso escolher agir a partir de um lugar de amor quando estou tentada a gritar com minha mãe". E quando isso começou a soar falso, ela a ajustou para "Ninguém precisa ser consertado, mas precisamos parar de tratar mal uns aos outros". A partir daí, foi muito mais fácil para Geena descobrir os passos que ela precisava dar para alcançar sua regra ideal — um lugar de calma e respeito mútuo.

Usar as três perguntas também é ótimo quando você está criando uma nova regra que contradiz valores antigos. Nunca me esquecerei de uma cliente chamada Faith, cujo filho, Brad, era viciado em heroína. Faith sempre se viu como mãe acima de tudo e, quando me procurou, estava constantemente preocupada por não estar fazendo o suficiente para ajudar Brad. Embora estivesse tentando manifestar algumas coisas fora desse relacionamento, como um novo emprego e dinheiro para construir um novo celeiro em sua fazenda, o vício de Brad pesava tanto sobre Faith, que ela precisava lidar com essa energia embaraçada antes que seus outros objetivos pudessem acontecer. Embora fosse doloroso, Faith decidiu reescrever suas regras em torno de seu relacionamento com Brad e seu vício, colocando algumas medidas de ação em suas novas regras para simplificar seu processo. A velha regra de Faith era "Uma boa mãe faz tudo por seu filho", e ela deixou sua regra ideal em aberto. Percebendo que isso não era mais verdade, Faith decidiu por "Uma boa mãe faz tudo o que pode sem chamar a polícia". Então a mudou para "Uma boa mãe não dá dinheiro ao filho, mas compra mantimentos para ele". E quando essa última passou a soar falsa, virou "Uma boa mãe muda as fechaduras de sua casa". Mais recentemente, ela decidiu

reformular para "Uma boa mãe ama tanto seu filho, que o liberta totalmente para que ele possa se curar de qualquer maneira confusa que seja
necessário, porque ela está inconscientemente desempenhando um papel
na doença dele". Viver de acordo com essa regra final foi a coisa mais
difícil que Faith já teve que fazer, mas surpreendentemente isso elevou a
energia em torno de seus outros objetivos e, em conjunto com cada revisão de regra, aproximou-a de um relacionamento mais forte com Brad.

Quando você cria regras incrementais a partir de mentalidades cada
vez mais elevadas e coloca movimento por trás delas, com o tempo, em
algum momento, você reconstrói todo seu sistema de crenças, até que
tudo o que deseja seja possível de alcançar. Reformular suas regras é um
processo que leva tempo, então, assim que você começar a viver de acordo com sua primeira ou segunda regra e se sentir bem com isso, sugiro
que passe para o próximo capítulo sobre incorporar seu eu futuro, que
é o segredo final que desvendaremos juntos. Irei ensiná-lo a entrar em
uma versão futura de si mesmo, que já vive a vida completa que deseja
em toda sua glória.

Dicas e Lições

- Reformular as regras é um dos toques finais em sua capacidade de manifestar facilmente.

- Nomear e ajustar decididamente suas regras é crucial,
  porque sua mente precisa de construções mentais com
  as quais trabalhar, um mapa de parâmetros que o guiam
  durante seu tempo na Terra.

- Quando você muda de opinião, sua energia e seu cérebro refletem isso. Coisas boas geralmente acontecem
  quando você vive em vibrações mais altas; tudo o que
  está disponível nessas frequências é facilmente acessível.

Reavaliar constantemente suas regras o encoraja a mover-se para dimensões vibracionais mais elevadas.

Você pode reformular as regras deliberada ou organicamente — ou alguma combinação intuitiva de ambos.

Novas regras estimulam o crescimento pessoal e uma nova visão sobre como adicionar significado e realização à vida.

Quanto mais específica for uma regra, mais fácil será para sua mente executá-la e para o universo se igualar a ela.

Quando você cria regras incrementais a partir de mentalidades cada vez mais elevadas e coloca movimento por trás de suas regras, reconstrói todo seu sistema de crenças até que tudo o que deseja seja possível de alcançar.

Mais Recursos e Downloads Gratuitos[1]

Se você gostou deste capítulo, eu criei um PDF disponível para download chamado *"How to Rewrite Your Rules and Beliefs"* [Como Reformular Suas Regras e Crenças, em tradução livre], que acompanha meu processo poderoso de reprogramar sua mente para o sucesso em apenas cinco minutos por dia.

Faça o download de graça no site www.authenticliving.com/gifts.

---

[1] Todos os conteúdos bônus presentes no final dos capítulos estão disponibilizados em inglês. A Editora Alta Books não se responsabiliza tampouco gerencia o conteúdo adicional oferecido exclusivamente pela autora da obra.

Capítulo 11

Segredo n° 8
INCORPORE SEU EU DO FUTURO

O último de meus oito segredos de manifestação é um incrível golpe duplo. Primeiro, ele é um atalho para resolver quaisquer problemas arbitrários que atrapalhem seus objetivos, que caiam inesperadamente em seu colo e/ou que busquem interromper seu ritmo energético daqui por diante. Segundo, ele também ensina como adotar personas positivas, encorajadoras e de alta frequência quando você se propõe a abordar essas ou quaisquer outras preocupações, e isso aumenta ainda mais sua capacidade de cocriar, de um modo geral. Ensiná-lo a incorporar seu eu do futuro, então, é meu presente final para você — um meio significativo de sincronizar desejos futuros com uma realidade de alta vibração que dá cor para sua vida mais radiante. Como vários segredos de manifestação, este último requer uma mentalidade ilimitada e uma profunda convicção de que todas as coisas são possíveis. Em algum momento, essa linha de pensamento pode ter parecido brega ou improvável. Porém, depois de ler este livro, sei que você está aberto ao impensável, já que está vendo sonhos se manifestarem em tempo real. Você sabe o que é razoável porque fez o "impossível" acontecer!

Pense no quanto você chegou longe! Em nome da manifestação de um futuro brilhante, você inspecionou sua psique, tratou crenças de baixa vibração e construiu novos caminhos neurológicos em seu cérebro, que deram suporte a crenças, pensamentos e sentimentos mais construtivos. Seu trabalho foi impulsionado por aprender como e quando verificar de que maneira você reage a situações que aumentam ou diminuem sua felicidade. Você aprendeu como quebrar a energia em torno de princípios básicos prejudiciais e reformulá-los sob uma nova luz. Agora você pode manter a maioria de seus gatilhos emocionais sob controle, praticar o amor-próprio para adicionar conforto ao seu dia e elevar sua vibração, e emitir a energia intencional certa para apoiar cada objetivo e interação significativos que você tem. Você conhece os meios mais estratégicos de colocar uma manifestação em ação, como seguir com as medidas de ação que a colocam em alta velocidade e como ajustar as regras constantes que regem sua vida para que você possa operar na vibração mais alta possível, na qual as melhores escolhas e soluções estão disponíveis.

Para resumir, você alcançou o autodomínio. Você se conhece mais profundamente do que nunca, e com isso vem a capacidade de não apenas reconhecer o que o provoca, mas também de criar uma vida maravilhosa para si mesmo — não apesar de seus problemas, mas colaborando com eles. Quando um problema aparece, você sabe exatamente quem é e como reagir de uma maneira saudável, que estimule o crescimento e apenas o acrescenta às suas capacidades. Você tem um comando pacífico sobre sua energia e sua psique, quem você é como alma e pessoa. Você está alinhado com as melhores intenções do universo e com o bem maior de todos, permitindo que a graça e a abundância fluam.

Neste capítulo, o ajudarei a acessar e aprender com o seu eu do futuro e sugerir como aproveitar os conselhos divinos em tempo real usando essa técnica de atenção plena e meditação. Se você está preso em um momento e não sabe como proceder, ensino aos meus melhores manifestantes que existe uma versão sua que já fez isso e tem a sabedoria para saber como fazê-lo bem. Para acessar essa parte de si mesmo, que intitulei de seu eu do futuro, você deve entrar em um estado meditativo, invocar essa versão de si mesmo e perguntar ao seu eu do futuro como resolver seu problema. Nós, como seres humanos, muitas vezes somos bem rápidos em nos tornarmos vítimas de nossas circunstâncias ou jogar nossas mãos para o alto, derrotados, quando, de muitas maneiras, as respostas e a orientação que buscamos já estão dentro de nós se fizermos as perguntas certas e confiarmos no processo intuitivo que pode se desenrolar.

Mudando o Tempo e o Espaço

Quando incorpora seu eu do futuro, você visualiza e se funde com uma versão iluminada de si mesmo, que já descobriu as preocupações com as quais deseja lidar. Seu eu do futuro oferece uma visão concisa e medidas de ação que mostram a melhor maneira de dar tudo certo. Ter acesso a esse conhecimento é reconfortante, pois o processo implica que há uma solução para cada problema. Abraçar essa verdade também significa aceitar noções não convencionais de tempo e matéria, mas como uma especialista em manifestação, você sabe, em primeira mão, que o universo nem sempre funciona da maneira que você imagina. Está inteiramente sob seu controle influenciar e moldar tudo ao seu redor.

Canalizei muitas vezes e cheguei à crença sincera de que, quando você direciona sua consciência para um determinado objetivo, é isso que cria sua realidade. Afinal, esse é o princípio primordial por trás de quase todas as crenças de manifestação, incluindo a minha. Suas frequências de pensamento impactam as partículas no universo, e se essas partículas vibram alto o suficiente, elas ficam densas e se transformam em matéria — isto é, elas se tornam manifestações físicas. Como costuma dizer o treinador motivacional Tony Robbins, "Onde você foca, a energia flui". Acredito que nosso cérebro é tão complexo, que *nós* somos o fator que molda de maneira mais dominante e impacta o mundo em que vivemos. Resumindo: se você redirecionar sua consciência, redirecionará sua realidade.

Agora, quando me refiro a manifestações *futuras*, faço isso porque vivemos em uma construção de tempo.

Contudo, não acredito que o tempo exista em uma forma linear na qual o amanhã será diferente de hoje. Isso soa um pouco como o enredo de uma série de ficção científica, eu sei, mas preste atenção. Em termos mais simples, vejo repetidamente que múltiplas realidades estão acontecendo ao mesmo tempo, mas que não estamos conscientes disso porque vemos o mundo com uma consciência singular. A verdade é que o universo se assemelha a um holograma complexo, construído a partir de nossa mente e projetado para além. Quando colocamos nossa consciência em certas crenças, pensamentos e sentimentos, elas criam a realidade na qual existimos — *até que decidamos mudá-la*. É por isso que trabalhar em cima de suas crenças é tão importante para materializar efetivamente suas aspirações quando você está se manifestando. Diante de tudo isso, adivinhe o que acontece quando você incorpora uma versão *futura* de si mesmo para resolver um problema? Isso mesmo, você essencialmente salta para uma nova realidade que está acontecendo em algum outro lugar do holograma universal. Porém, para chegar lá, você tem que seguir a orientação do seu eu do futuro, que já existe na sintonia desse mundo, no qual o problema já está resolvido, a fim de puxar essa vibração para si. Depois de concluir as etapas que o seu eu do futuro recomenda, você e ele se tornam um só.

Meditação para Acessar o Seu Eu do Futuro

Gosto de usar uma meditação simples para conhecer e incorporar futuras versões de mim mesma que já estão vivendo resultados positivos para meus dilemas em universos relacionados. Enquanto você medita, quanto mais realista este exercício for, mais facilmente você trará à tona a frequência na qual esse problema é resolvido para que você possa entrar nesse futuro. Como sua mente está conectada ao universo, visualizações e meditações usam a imaginação como uma ponte para a criação, e a realidade pode ser construída por meio dessas frequências de pensamento. Tenha em mente que você deseja tornar essa experiência mental e emocional tão visceral, profunda e memorável, que será fácil de experimentar novamente e reconhecer em um estado consciente. Meditar com o maior número possível de sentidos sempre ajudará.

Para começar, respire fundo algumas vezes para relaxar e sentir-se ancorado à terra sob seus pés. Imagine-se entrando em uma sala branca na qual você vê uma grande porta à sua frente. Abra e passe pela porta, e do outro lado estará o seu Espaço Sagrado. Seu Espaço Sagrado é um canto de sua imaginação no qual você se sente seguro, calmo e amado. Pode ser o topo de uma montanha, perto do oceano, o sofá da casa onde você cresceu, debaixo de uma árvore... Você decide. Pode ser um lugar real que já tenha visitado ou um que criou em sua mente. O meu Espaço Sagrado é fantasioso e brilhante — inclui um salgueiro vivo que fala comigo em um tom maternal, uma cachoeira cristalina que se derrama em um belo lago, golfinhos jogando água para cá e para lá, prados verdejantes e flores coloridas. O mais importante de tudo é que não há mais ninguém no meu Lugar Sagrado além de mim e do meu futuro eu. Em uma palavra, é o meu lugar feliz ideal.

Reserve um momento para se acomodar em seu Espaço Sagrado e aproveite a maneira como esse ambiente satisfaz todos seus sentidos. Quando estiver pronto, em sua mente, peça ao seu eu do futuro que apareça e se aproxime de você. Por fim, ele pode ficar na sua frente ou sentar ao seu lado — o que for mais confortável. Agora, diga brevemente ao seu eu do futuro qual é o seu problema e pergunte a ele qual deve ser seu próximo passo ou seus próximos passos. A resposta pode vir em forma de algumas palavras assimiláveis, de um sentimento instintivo e/ou de uma conversa completa. Lembre-se, esta é uma versão futura de você, que já vive em uma realidade na qual o problema está resolvido, então você deve confiar na orientação dela. Como vocês estão na companhia um do outro, observe o máximo de detalhes que puder sobre essa outra versão de você. Como é o seu eu do futuro? Quantos anos tem o seu eu do futuro? Como é o corpo dele? Como é a energia ou o humor dele no geral — otimista, calmo, confiante? Após cerca de dez minutos de conversa e observações, diga adeus ao seu eu do futuro, volte pela porta e entre na sala branca novamente. Respire fundo algumas vezes e abra os olhos.

Fazendo as Perguntas Certas, Recebendo as Respostas Guiadas

Visto que o seu eu do futuro tem a resposta para toda e qualquer pergunta que você possa ter, nenhuma pergunta está fora dos limites e nem nenhum processo é muito complexo ou generalizado demais para receber um conselho dele. Tenho clientes que usaram esse exercício para descobrir e praticar seus dons espirituais, conseguir o emprego dos sonhos ou subir na carreira, curar cismas entre irmãos, resolver problemas parentais e até curar o bloqueio criativo ou superar o medo de subir no palco. Você também pode usar essa ferramenta quando estiver em uma encruzilhada com relacionamentos ou oportunidades de investimento e *brainstorming* cujos caminhos levam à felicidade e à prosperidade.

Um uso verdadeiramente genial das meditações para acessar o eu do futuro aconteceu com minha cliente Joanne, que serviu o exército no Afeganistão e sofria de um tremendo Transtorno de Estresse Pós-Traumático (TEPT) por causa das experiências de combate extenuantes *e* por ter sido estuprada por um de seus colegas (o Trauma Sexual Militar, ou MST, em sua sigla em inglês, é surpreendentemente comum, principalmente entre veteranas). Quando Joanne sentia um gatilho — confie em mim, não precisava de muito para isso acontecer —, ela usava a meditação para acessar seu eu do futuro para determinar como a versão curada de si mesma responderia a recordações de seu passado. Por fim, o eu futuro de Joanne deu lugar a uma persona positiva (falarei mais sobre isso daqui a pouco), que ela assumiu na vida cotidiana e a ajudou a lidar com estímulos inesperados, como barulhos altos, histórias perturbadoras contadas em seu grupo de apoio ao TEPT e certos cheiros que a lembravam de carne queimada ou suor masculino. A boa notícia é que, na última vez que falei com Joanne, ela estava impressionantemente perto de se integrar totalmente com seu eu futuro e havia começado a usar meditações para acessá-lo na esperança de iniciar uma fundação relacionada ao MST. Ela chegou tão longe!

Quando você fizer uma meditação para acessar seu eu do futuro e receber sua orientação, certifique-se de estar pronto para aproveitar ao máximo a sabedoria e o *insight* que receber. Tive vários clientes que hesitavam em ouvir coisas do seu eu do futuro porque tinham medo ou não estavam totalmente motivados para agir de acordo com o conselho que os esperava. Pense nisto: se o seu eu futuro dissesse que seu primeiro passo para a realização emocional seria deixar seu cônjuge ou se mudar para um novo estado, você estaria pronto para fazer essas mudanças difíceis? Tudo bem se você não estiver disposto, apenas tenha em mente que o exercício não funcionará a menos que você esteja disposto. Se o pensamento de resolver um problema o abalar, tome isso como um sinal de que você tem que desembaraçar algumas energias e se autoexplorar primeiro. Parte desse trabalho pode incluir imaginar como seria sua situação atual, digamos, daqui a dez anos, se você não fizesse as mudanças que o seu eu do futuro sugeriu. Isso o ajudará a entender melhor o que está em jogo quando o assunto é sua felicidade e sua consciência. Em seguida, trate da razão pela qual você não está pronto para as respostas, em vez de buscá-las. Depois de curar suas hesitações, você se sentirá muito mais inclinado a seguir sua orientação meditativa até o fim — e isso gerará resultados rápidos.

Vamos ver como uma meditação para acessar o seu eu do futuro poderia se desenrolar na vida real. Na meditação, você pode se fazer uma pergunta geral que o está consumindo, digamos, sobre seus próximos passos em direção à felicidade ou algo mais específico, como: daqui a dez anos, ainda será o dono da sua empresa? Você pode até perguntar sobre um grande objetivo, como querer abrir uma loja ou iniciar um serviço online, fazendo uma série de meditações e seguindo as orientações que as acompanham (quando os exercícios do eu futuro são usados para ajudar a determinar suas medidas de ação da manifestação, conforme elas forem sendo necessárias, eles podem potencialmente acelerar e amplificar seus resultados). Por exemplo, quando eu quis abrir a Authentic Living anos atrás, muitas vezes incorporei meditações para acessar o meu eu futuro ao criar meu plano para determinar como seria essa versão de mim mesma, bem como quais medidas eu precisava tomar para fazer minha empresa decolar. Eu já gostava de correr riscos naturalmente, mas acreditava que havia uma versão de mim que já tinha um negócio de grande sucesso que ajudava milhões de pessoas ao redor do mundo — eu só não tinha aproveitado isso ainda. Essa crença foi como juntar a fome com a vontade de comer!

Uma vez, lembro-me de perguntar ao meu eu do futuro como era a versão mais bem-sucedida de mim, e me foi mostrado que ela morava em uma casa grande e bonita, em que as persianas das janelas se abriam automaticamente quando o sol nascia e havia plantas exuberantes em todos os cômodos da casa. Ela também tinha uma pele brilhante e saudável e apreciava a beleza de todos ao seu redor. Ela estava na casa dos 40 anos quando suas conquistas atingiram o pico. Também questionei como eram as ações do meu eu do futuro fora do trabalho, e me foi mostrado que elas incluíam escrever em meu diário todos os dias, relaxar tomando uma cerveja e ter uma maneira muito clara e direta de se comunicar que quase parecia contundente.

Eu me reconheci o suficiente nessas meditações para começar a assumir essa persona na realidade para que pudesse começar a puxar a frequência do meu eu do futuro na minha direção. Fora da meditação, eu me permiti assumir meu futuro, continuando a manter um diário, cuidando melhor da pele, ficando de olho nos imóveis, falando de forma mais concisa com os funcionários e explorando atividades fora da minha zona de conforto. Passar meus dias adotando essa nova versão de mim mesma me deu uma visão clara de quem eu estava me tornando e do negócio que eu estava abrindo, com medidas lineares e práticas para alcançar ambas as coisas. A cada nova visita ao Espaço Sagrado, eu ouvia falar de novas medidas e as tomava — era um pouco como receber e seguir as migalhas de pão que o universo deixa para você quando você está manifestando. Algumas medidas aparentemente não tinham relação com nada. Posso ter ouvido "ligue para seu pai e cure o relacionamento de vocês" ou "vá dar uma volta e depois venha perguntar novamente". Não importa o que eu sentisse, todas essas instruções foram fundamentais para poder construir meu futuro com um estado psicológico limpo, com uma autenticidade emocional e objetivos de manifestação que não precisavam de esforço. Eventualmente, abri minha empresa com sucesso, e, em relação à minha persona, ainda estou me tornando ela. Gosto de explorar essa imagem quando preciso de inspiração no dia a dia. Por exemplo, houve um tempo em que eu estava trabalhando para estabelecer limites melhores para mim mesma. Costumo ser excessivamente empática com os problemas dos outros, e então uso uma persona do meu eu do futuro para me lembrar de que não preciso me envolver tanto com as emoções deles se isso não servir ao meu eu superior. Então, se enfrento um conflito relacionado a isso, ou faço uma pergunta ao meu eu do futuro durante a meditação: *Como posso reagir de uma maneira que seja indiferente, mas ainda assim amorosa?* Ou então assumo a persona de uma versão de mim que respeita mais os limites e penso: *O que meu eu futuro faria agora?* — e então ajo de acordo.

Quando estiver meditando, preste muita atenção à *sensação* de estar na presença do seu eu do futuro, para poder identificar quando você estiver agindo dessa maneira e quando não estiver. Quanto mais você se comportar como o seu eu do futuro, mais ele alimentará sua frequência dominante, até que isso seja tudo o que você conhece. Louisa participou de um evento em Sedona porque queria descobrir quais eram seus dons espirituais. Quando me sentei com ela, imediatamente soube que uma meditação para acessar seu eu do futuro ajudaria, porque seria mais empoderador para ela encontrar as respostas do que as ouvir de mim. Ensinei Louisa a conhecer a versão de si mesma que já praticava seus dons espirituais. Em um estado meditativo, Louisa me disse que seu eu futuro era despreocupado, desapegado de ganhos financeiros e profundamente generoso. Louisa também se viu impondo as mãos sobre estranhos, então ela sabia que seu dom era ser uma curandeira! Ela então perguntou a essa versão de si mesma: *Quais são meus próximos passos para praticar meu dom?*

Sem hesitar, Louisa se viu viajando por todo o mundo, praticando em qualquer um que precisasse de sua ajuda. Pouco tempo depois do workshop, Louisa e seu namorado compraram uma van, e a última coisa que eu soube foi que eles estavam viajando pelo país para que ela pudesse realizar várias curas e não se preocupar em pagar aluguel ou uma hipoteca. Durante esse tempo, Louisa disse que lembraria a si mesma mentalmente qual era a sensação de ser a mulher de suas meditações para acessar o seu eu do futuro — uma mulher descontraída, generosa e desapegada de bens materiais — a fim de que pudesse perseguir melhor seu propósito e ajudar o mundo.

Acredito que explorar o seu eu do futuro é acessar o conhecimento divino e sobrenatural. Talvez, quando invoca seu eu do futuro, você seja transportado para um espaço energético onde existem todas as respostas e possibilidades — e no qual o seu eu do futuro atua como o mensageiro para ajudá-lo a se tornar essa versão de si mesmo. Não tenho certeza, para ser honesta. O psicólogo Carl Jung acreditava em uma teoria semelhante, a qual ele chamou de "inconsciente coletivo", que ele sentia que cada um de nós compartilhava desde que nascemos e que contém as respostas para todos os problemas que procuramos. Ele afirmou que, embora possamos não saber quais pensamentos e imagens estão em nosso inconsciente coletivo, em momentos de crise, a psique pode explorar essas soluções. Ele também achava que o inconsciente coletivo era a razão pela qual os mesmos medos e fobias podiam aparecer em crianças e adultos, sem explicação. Ele achava que símbolos específicos nos sonhos também eram ditados pelo inconsciente coletivo e podiam significar a mesma coisa para pessoas diferentes. Ninguém sabe ao certo! O que está claro *é* que, em qualquer processo divino, você deve confiar no que vem do seu eu do futuro e estar disposto a agir com fé para que isso funcione. De muitas maneiras, você está construindo músculos fortes e intuitivos ao fazer isso, então talvez *haja* uma força extremamente divina que é necessária para o processo, como eu suspeito.

O Papel da Mente no Seu Eu do Futuro

Explorar o seu eu futuro não é apenas uma prática espiritual ou intelectual, é um exercício psicológico que brinca com o autodesenvolvimento consciente. Além do mais, já vi isso estimular mudanças neurológicas no cérebro. Embora eu acredite que, quando você encontra o seu eu do futuro durante a meditação, na verdade você está encontrando outra versão de si mesmo que existe em uma realidade conjunta e está chamando essa frequência, colaborar com seu eu do futuro serve a um segundo propósito biológico muito útil. Quanto mais você acredita que existe uma versão futura de você mais iluminada, e então age da mesma maneira que esse eu do futuro edificado, mais torna um hábito reforçar esses comportamentos aprimorados e suas vias neurológicas. Seus pensamentos subsequentes se tornam o padrão automático do cérebro, que supõe que seus comportamentos são sua realidade atual. Então, isso requer menos esforço consciente para trazer essa persona para o futuro. Isso é diferente de uma abordagem de "mentir para si mesmo até acreditar que é verdade" ou de "agir como se fosse verdade", visto que seu cérebro já está de acordo com seu novo comportamento por ter passado um tempo — tanto em um processo mental como a meditação quanto em aplicações da vida real — cimentando suas novas crenças na realidade.

Muitos de meus clientes gostam de nomear suas versões aprimoradas do futuro, assim como você nomearia uma personalidade perturbadora. Eu mesma gosto de fazer isso! Nos capítulos anteriores, falei sobre as personas negativas que aparecem quando você enfrenta um gatilho.

Contudo, como aposto que você notou, quando você assume as qualidades e a mentalidade do seu eu do futuro, está essencialmente criando uma pessoa positiva que sabe como se comportar diante de um problema e que pode resolvê-lo com habilidade. Então, pode ser útil chamar essa persona pelo nome se você precisar resolver um problema rapidamente e não puder largar tudo para meditar a fim de encontrar uma solução. Sabemos que o universo está em constante expansão, o que para mim significa que nós também estamos, e isso me leva a acreditar que também existem versões de nós que ainda temos que "conhecer". Então, se seu nome é Judy e você está brigando com seu pai, pode acessar uma versão futura de você que conheceu enquanto meditava sobre questões familiares, a quem chamou de Judy Zen. Ou se você se deparar com um problema no trabalho, pode se colocar no lugar da Judy Milionária, que é especialista em resolver problemas profissionais. Quando você está em uma situação difícil, pode simplesmente pensar: *O que a Judy Zen/a Judy Milionária faria?* — e assumir a mentalidade e o comportamento dessa persona. Isso não apenas conecta você energeticamente com a frequência do seu eu do futuro, mas também constrói psicologicamente uma versão mais capaz de você em tempo real.

Dar nome a personas me lembra Katherine, a madrasta atenciosa de um adorável menino de 7 anos chamado Doug. A mãe biológica da criança tinha problemas mentais, então, embora Katherine fosse uma influência secundária, ela ainda levava muito a sério o trabalho de ser um exemplo, responsável por moldar a vida de Doug. Uma noite, enquanto lavava a louça, Doug disse a Katherine que sua mãe biológica fez um comentário maldoso sobre como Katherine "nunca será sua mãe de verdade ou o amará tanto quanto ela" — e isso deixou Doug confuso, porque ele disse que, na verdade, amava Katherine tanto quanto a mãe biológica. Katherine ficou furiosa e, embora seu instinto fosse mandar uma mensagem revoltada para a ex do marido, dizendo a ela que deixasse o garoto se sentir como ele quisesse, ela se lembrou de que havia trabalhado em sua personalidade de madrasta durante uma meditação para acessar seu eu do futuro assim que ela se casou. Então, ela perguntou: *Qual é a versão de mim que, pelo bem do meu enteado, é consciente, receptiva, comunicativa e amorosa?*

Ao se lembrar de como era experimentar essa persona, a qual Katherine chamou apropriadamente de "Katherine Capaz", ela conseguiu se acalmar. Como a Katherine Capaz, ela conseguia ver agora que a mãe biológica de Doug não estava bem e que a saúde e felicidade de Doug importavam mais do que qualquer comentário perturbador lançado em seu caminho. A Katherine Capaz sentou-se com Doug e explicou a ele que o amava incondicionalmente e que ele poderia chamá-la do nome que quisesse. A Katherine Capaz então enviou um e-mail cuidadoso para a mãe de Doug, explicando o que havia acontecido. Embora a ex de seu marido nunca tenha respondido, Katherine sabia que havia lidado com a situação com graça e desenvoltura — e tinha que agradecer à sua persona do futuro por aquilo.

No final das contas, incorporar seu eu mais sábio e iluminado permite que você entre na inspiradora história de sucesso que sempre esteve destinado a vivenciar. Conectar-se com a sabedoria e o conselho de seu eu do futuro simplesmente prova que, uma vez que você tenha limpado tudo o que não faz parte de seu eu mais autêntico, você terá as melhores e mais sábias respostas dentro de você o tempo todo.

Dicas e Lições

- Quando você incorpora seu eu do futuro, visualiza e une com uma versão iluminada de você que já descobriu as preocupações que deseja abordar.

- Quando você direciona sua consciência para um determinado objetivo, isso cria sua realidade.

- Na meditação, você pode conhecer e incorporar futuras versões de si mesmo que já estão vivendo resultados positivos para seus dilemas em universos relacionados.

⚷ Seu eu do futuro tem a resposta para toda e qualquer pergunta que você possa ter.

⚷ Quando fizer uma meditação para acessar seu eu do futuro e receber a orientação dele, certifique-se de estar pronto para executar a sabedoria e o insight que receber.

⚷ Quando estiver em uma meditação para acessar seu eu do futuro, preste atenção em como é a *sensação* de estar na presença dele, para identificar quando você age da mesma maneira que ele e quando não age.

⚷ Acessar seu eu futuro não é apenas uma prática espiritual ou intelectual; é um exercício psicológico que brinca com o autodesenvolvimento consciente e com as mudanças neurológicas no cérebro.

Mais Recursos e Downloads Gratuitos[1]

Se você gostou deste capítulo, elaborei uma poderosa sintonização de áudio chamada *"Activating and Embodying Your Higher Self"* [Ativando e Incorporando seu Eu Superior, em tradução livre], que remove todos os bloqueios que impedem você de acessar a sabedoria, o amor e as habilidades de manifestação do seu eu superior hoje.

Faça o download de graça no site www.authenticliving.com/gifts.

---

[1]   Todos os conteúdos bônus presentes no final dos capítulos estão disponibilizados em inglês. A Editora Alta Books não se responsabiliza tampouco gerencia o conteúdo adicional oferecido exclusivamente pelo autor da obra.

Capítulo 12

FECHANDO O CICLO

Depois de praticar e dominar os oito segredos, você notará que uma reviravolta notável e intuitiva começará a se desenrolar: você se sentirá atraído a fazer esse processo à sua maneira. Embora provavelmente tenha seguido minhas instruções e exemplos à risca quando estava aprendendo a criar manifestações sinceras, agora você tem uma base impressionante que lhe permitirá personalizar o modo de realizar esses objetivos. Que evolução incrível! Da mesma forma que uma pessoa fica realmente boa em tocar um instrumento ou em praticar um esporte, você precisa entender inicialmente o básico da manifestação antes de poder improvisar e estilizar passos que se tornarão exclusivamente seus.

Como muitos de meus clientes mais realizados, o crescimento e a manifestação espiritual agora vão incentivá-lo a se apoiar em alguns segredos e excluir outros completamente. Isso é bom! Na verdade, adoro quando você escolhe trilhar seu próprio caminho, porque significa que você absorveu totalmente as práticas deste livro e está confiante em reinterpretá-las com base em um pressentimento divino e um processo que levou ao sucesso. Além disso, as programações e os objetivos de manifestação de todo mundo são diferentes, então faz sentido que as práticas que funcionam melhor para você não funcionem inteiramente para mim. Você também pode esperar que o *modus operandi* de sua manifestação mude a cada novo objetivo que estabelece devido à quantidade de desembaraço energético, de trabalho em cima do amor-próprio e da energia intencional, e assim por diante, que precisa fazer primeiro. Se está navegando pela vida sem nenhuma preocupação, então seu processo será muito diferente do que se tivesse recentemente atingido um obstáculo. Acho que se eu apenas me mantiver de olho no crescimento constante, com meus braços bem abertos para receber o que o universo planejou para mim, então qualquer processo de manifestação será pelo menos ressaltado por esse princípio orientador e esperançoso.

Neste capítulo final, quero compartilhar algumas das histórias de meus clientes que falam o quanto chegaram longe e em quais ferramentas e princípios eles mais se apoiam ao buscarem crescimento pessoal e objetivos de manifestação. Os oito segredos desempenham um papel em cada história, embora você vá perceber que esses clientes se apoiam mais em alguns segredos do que em outros. Você também está no caminho perfeito para internalizar esses segredos poderosos, reconhecendo que geram os melhores resultados para você, colocando sua própria fórmula em prática e desfrutando os benefícios de experiências profundamente felizes e plenamente realizadas. Eu me sinto muito abençoada em dizer que meus ensinamentos redefiniram positivamente a vida de muitos de meus clientes incríveis, e espero 100% que eles mudem a sua também!

Crescendo em Meio ao Trauma Familiar

Muitos de meus clientes carregam o fardo não apenas de suas próprias feridas familiares, mas de um trauma mais profundo e ancestral que lhes foi transmitido por gerações, por meio de genes herdados, crenças antigas disfarçadas de "valores familiares" e energia retida que conseguem se infiltrar na programação do cliente e que imploram para serem desembaraçadas. Como você sabe, uma vez que comece a curar essas aflições mentais e energéticas, sua frequência aumenta junto com sua confiança, seu amor-próprio e sua autoestima. Isso produz experiências e interações consistentes e positivas, que ajudam a sustentar uma vibração mais elevada e abrem o caminho para uma vida muito mais feliz, na qual ocorram manifestações espontâneas.

Quando conheci Nicole, em um evento em 2019, ela havia vindo da Holanda me ver depois de ter feito alguns de meus cursos online. Desde o momento em que chegou ao retiro, Nicole disse que sentiu que fora recebida por uma "nova e acolhedora família". Na época, a falta de autoconfiança, a baixa autoestima e o ódio por si mesma eram seus maiores pontos sensíveis. "Quando eu não fazia as coisas direito, eu basicamente batia na minha cabeça com uma panela. Eu sentia que os outros não podiam me ver por quem eu realmente era naqueles momentos", ela me disse. A tendência de Nicole de igualar suas ações e inações com o sentimento dos outros sobre ela era um padrão muito profundo com raízes ancestrais provindas de sua mãe e vivendo em carência em sua própria vida.

Em relação ao trauma ancestral, a mãe de Nicole sobreviveu a uma experiência extenuante em um campo de concentração indonésio durante a Segunda Guerra Mundial — uma experiência dolorosa que criou a resolução de superar as dores da vida sem discuti-las, entendê-las, senti--las ou processá-las completamente. Nicole acredita que sua avó também era uma mulher infeliz, presa em um casamento ruim. Como se isso não bastasse, na infância, a irmã de Nicole teve cetoacidose diabética, mas depois de adulta tornou-se uma empresária de sucesso — e, em ambos os cenários, recebeu muito reforço positivo e atenção. O relacionamento de Nicole com a mãe e com a irmã sempre foi tenso, pois ela sentia que nunca poderia corresponder às expectativas delas. Ela constantemente ansiava por uma conexão materna e, quando não a sentia, passava a deduzir que não merecia amor. Durante anos, Nicole se viu em um estado constante de lutar ou fugir por causa disso. "Fiquei superfocada em fazer as coisas direito para obter a conexão que queria sentir, e quando isso não aconteceu, pensei que significava que não era boa o suficiente", disse ela. "Minha família nunca disse isso abertamente, mas percebi que era o caso e internalizei essa conclusão." Os sentimentos de insuficiência de Nicole se espalharam por todos os cantos de sua vida: relacionamentos, amigos, trabalho, compromissos sociais. "Parecia que todo mundo era mais alto do que eu. Porém, com o tempo", disse ela, "percebi que, na verdade, estava *me tornando* muito pequena com base no que acreditava". Como as crenças e a programação de Nicole se originavam tanto de um fardo geracional e energético quanto da falta de autoestima que vinha de sua criação, ela decidiu se curar com os oito segredos e dissolver os bloqueios ancestrais que afetavam as mulheres de sua família.

Na idade adulta, Nicole passou por um doloroso divórcio com um homem cujas falhas ela muitas vezes ignorava e perdoava. "Eu vejo a alma verdadeira de todos, então eu olhava através de seu comportamento egocêntrico e encontrava o bem, foi o que me manteve leal a ele", disse ela. No entanto, ele a culpava quando as coisas davam errado, e isso perpetuava a pobre autoimagem de Nicole. "Foi uma grande luta para mim. Eu sabia que era uma boa pessoa, que sempre tentava fazer a coisa certa. Porém, ser uma boa pessoa não me deu o amor e a conexão de que eu precisava dos outros, embora fosse o que eu achava que aconteceria", disse ela. Repercussões financeiras e emocionais aconteceram após o divórcio, fazendo com que Nicole se sentisse ainda mais esgotada e sem esperança. Pouco depois de sua decisão de se separar de seu ex, ela foi diagnosticada com câncer de mama em estágio 4 e intuitivamente sentiu que seu corpo havia gerado uma doença grave porque ela não estava honrando seu eu mais genuíno. O diagnóstico iluminou ainda mais o descontentamento geral de Nicole e seu desejo por mais. Ela sabia que essa era a maneira do universo de incentivá-la a tomar decisões radicais e que mudariam sua vida de uma vez por todas. "Acredito que todos esses anos de desconforto, aperto e desejo de respostas para quem eu era se manifestaram através do câncer. Quando percebi isso, comecei a ver a vida de forma diferente", disse ela. "Foram dois anos pesados, mas cada momento depois era a percepção de que eu tinha uma nova oportunidade de me escolher."

Por meio de nosso trabalho juntas, Nicole começou a dissecar os padrões e as personas que vinha usando para se manter segura. Até esse ponto, ela vivia no "modo de sobrevivência", no qual seu foco era gerenciar um casamento doentio; ser uma filha, irmã e mãe perfeita; vencer o câncer; e simplesmente conseguir chegar ao próximo instante, chegar no dia seguinte. Os oito segredos, no entanto, ajudaram Nicole a sentir seu passado, elevar sua vibração e reinventar sua vida. Ela aprendeu a redefinir sua energia intencional e praticar o amor-próprio. Na verdade, ainda há um alarme em seu celular que toca a cada quatro horas para lembrá-la de respirar fundo, fazer um exercício de aterramento, dar um passeio e, o mais importante para ela, sair da própria cabeça e entrar no espaço do coração. Como tem uma tendência a ajudar os outros, ignorando suas próprias necessidades, Nicole também se tornou mais consciente desse fato e de como corrigi-lo. Quebras de padrões como conversas internas ajudam muito quando ela cai em velhos hábitos. "Eu digo a mim mesma 'Você é boa o suficiente', ou 'eu te amo muito'", disse. "Também uso afirmações enquanto estou passeando com o cachorro. Sincronizo minhas palavras com meus passos, dizendo: 'Estou bem', 'Estou calma' e 'Estou conectada'. Sincronizar a energia de minhas palavras com o que quero criar permite que meu ser entre em sintonia com isso."

Nicole criou uma rotina espiritual após o retiro, que segue até hoje. Quando acorda, ela define suas intenções para o dia, registra seus sonhos e suas emoções em um diário e "agradece a todas as forças superiores" pela saúde de sua família e pela abundância que acredita estar chegando. Enquanto passeia com o cachorro ou está sentada na praia, Nicole sonha acordada com o que quer criar nos próximos meses. "Sintonizo a frequência de sentir o que quero trazer para a minha realidade", disse ela. Quando Nicole toma banho, imagina a água limpando-a de todas suas toxinas emocionais e espirituais, que então acabam escorrendo pelo ralo. Durante a meditação, ela imagina uma luz branca e roxa, além de um líquido dourado percorrendo-a. Nicole encontra paz escrevendo em seu diário, no qual ela se concentra no que sente durante o dia, e não no que já ocorreu, visto que a consciência emocional é um dos objetivos.

Nicole tem um diário à parte para manifestação, que usa para registrar suas aspirações. Até o momento, todas elas aconteceram, incluindo se tornar *life coach* internacional, ser anfitriã de eventos motivacionais ao vivo, viajar pelo mundo e melhorar o relacionamento com seu novo marido. Ela também manifestou uma melhor relação entre o ex-marido e o filho. "Vivo de acordo com um novo conjunto de regras agora", disse ela. "Sei que sou boa o suficiente. Eu sou digna de estar aqui e fazer o que faço. Eu me livrei da culpa e da vergonha, e agora vejo que o amor e a conexão são possíveis para mim. Recebo elogios e reconheço que, quando as coisas parecem ruins, é uma oportunidade para eu sentir essa experiência, expandi-la e elevá-la a um novo nível de consciência."

Descobrindo e Permanecendo na Sua Verdade

E quando você compreende profundamente quem é, como sua programação o levou a se tornar a pessoa que você é e como a revisão dessas crenças pode mudar seu futuro? Xiu, crianças. Sua vibração aumenta, e grandes mudanças financeiras, emocionais e físicas estão aí para que você as alcance!

O que é interessante sobre a história da minha cliente Meleah é que seus pais a criaram com base no etos de um guru de autoajuda muito famoso, de quem, mais tarde, ela foi voluntária por oito anos — mas, apesar de ter memorizado todos seus ensinamentos, ela ainda se sentia infeliz e insatisfeita. Depois de fazer uma meditação guiada em áudio de 21 dias que encontrou online, Meleah acidentalmente viu meus anúncios no Facebook. Meleah viu isso como um sinal do universo para que ela fosse atrás de meu programa e se inscreveu no dia seguinte. "Mensagens sobre amor ressoaram em mim, assim como a perspectiva de que você pode criar a realidade que deseja", disse Meleah. "Comecei a ver imediatamente as sincronicidades e não estava usando metade dos músculos de autoajuda que usava antes. Comecei a liberar emoções e a ver mudanças." Como um flash de inspiração, Meleah também percebeu que todas as informações de autodesenvolvimento que acumulara até então não significavam nada sem a capacidade de integrá-las com o amor. "Eu sabia que precisava ouvir minha alma com carinho", disse ela. "Isso significava que eu tinha que parar de agradar as pessoas e de perseguir a ideia que os outros tinham sobre o 'sonho americano'. Os oito segredos iluminaram as crenças limitantes que vieram de meu passado e que precisavam ser reformuladas." Por exemplo, quando ela entendeu mal a maneira como seu pai reagiu a um de seus boletins quando ela tinha 7 anos, isso construiu nela a crença de que não era boa o suficiente a menos que ela obtivesse a nota mais alta possível e que não ganharia a aprovação e o amor dos outros a menos que se destacasse. E então, anos depois, após um término de relacionamento perturbador, Meleah ganhou peso, o que ela, no fim das contas, percebeu que era o resultado de uma crença subconsciente de que poderia se proteger de um futuro coração partido se não estivesse com a melhor aparência e se protegesse do mundo.

Meleah trabalhou em sua programação à medida que os principais discernimentos surgiram e se tornou um gênio da manifestação. Uma de suas façanhas mais impressionantes aconteceu depois que ela reconheceu e desembaraçou a falsa bobina de que seu emprego sempre estaria em risco durante as demissões na empresa, porque isso havia acontecido com ela oito anos antes. Então, quando a nova empresa de Meleah anunciou que passaria por mudanças, ela não permitiu que sua programação temerosa a impedisse de criar um plano para se manter lá. Meleah relatou seu caso e foi imediatamente contratada como consultora. Como resultado, seu bônus aumentou, ela assinou um contrato de permanência de mais de dois anos, e sua equipe cresceu — com um aumento salarial de US$30 mil e nem um centavo a menos. "Eu permaneci na minha autenticidade e, ao fazê-lo, fui recompensada com os cinco dígitos. Passei sete anos me sentindo um fracasso e, em vinte minutos, reescrevi o que isso significava para a minha vida", disse ela. Meleah não se vê mais como um fracasso ou uma pessoa indigna de amor, mas como alguém com o poder de criar sua realidade em todas as áreas de sua vida.

Pouco depois de assumir seu novo posto, Meleah chegou à raiz de seus problemas de peso e perdeu 30kg! Ela assumiu o controle de sua dieta enquanto trabalhava com um naturopata — depois seguiu mais sinais que a levaram a uma revisão de seu estilo de vida. Ela limpou a casa, começou a fazer caminhadas de oito quilômetros e decidiu começar do zero: "O peso derreteu, a maior parte perdi em seis meses. As mudanças mentais e físicas que estavam acontecendo redefiniram toda a história da minha vida. Foi uma jornada suave e tranquila. Assumi o 'eu' que estava lá o tempo todo."

Transformando Gatilhos em Oportunidades

Entrar em contato com o que você está sentindo, principalmente quando sofre um gatilho, pode transformar um trauma doloroso em uma oportunidade notável para um novo crescimento e perspectiva. A escolha pessoal — decidir como você deseja ver seu passado, assimilá-lo em sua consciência e usar o que aprendeu com isso para aplicar positivamente em seu futuro — é uma ferramenta fortalecedora que quase todos meus clientes incorporam em suas práticas de manifestação, não importa seus outros passos.

Kelly foi atraída para meu programa online porque ele agradava seu "cérebro científico com toda aquela conversa sobre quebra de padrões e reprogramação. Fazia muito sentido". Emocionalmente, ela estava desesperada por uma direção, pois estava no meio de um divórcio enquanto tentava deixar de depender do dinheiro do governo junto com nada menos que um adolescente suicida. Seu passado foi recheado de todo tipo de abuso emocional, verbal e, às vezes, físico. "Eu estava procurando", admitiu Kelly, e ainda sofria com a baixa autoestima, embora ela tenha dito que não percebeu isso na época. Ela apenas sentia que coisas ruins continuavam acontecendo com ela repetidamente e queria não apenas aprender o porquê, mas saber como consertar essa falha, se pudesse.

Ao usar os oito segredos, Kelly foi capaz de estabelecer limites, deixar de lado o resultado de uma situação precária e se concentrar em seu próprio crescimento. Ela decidiu que só merecia fazer parte de sua vida quem queria fazer parte de seu caminho e crescer ao lado dela. Kelly valorizava o fato de que, se sempre tomasse decisões pelo bem maior de todos, o universo cuidaria dela.

Kelly inicialmente programou alarmes para fazer os registros, o que a ajudou a identificar o que sentia em várias partes do dia e depois desvendar as razões de como chegou lá. Imediatamente Kelly percebeu que sua bobina dolorosa e subconsciente era acionada com mais frequência do que ela havia percebido. Apenas falar ao telefone, por exemplo, causava muita ansiedade em Kelly, embora ela não soubesse o motivo. Por meio de exercícios para desembaraçar a energia, Kelly percebeu que, quando ela tinha 3 anos e meio, seu pai deixou sua mãe por uma mulher mais nova que tinha um filho. E quando ela ligava para o pai na casa nova dele, ouvia a namorada dele rindo ao fundo, junto com o garotinho, e todos pareciam muito felizes sem ela. Ela cantava para o pai a canção "I Just Called to Say I Love You", de Stevie Wonder, porque não queria que ele se sentisse chateado por viver sem ela ou culpado por ter deixado ela e sua mãe para trás. Kelly morava com a mãe na época, que também era alcoólatra e entrava e saía de clínicas de reabilitação. Com o tempo, porém, Kelly foi morar com o pai e a madrasta. "À medida que eu ia ficando mais velha, nunca sabia se mamãe estaria bêbada quando ligasse", confidenciou. "Eu sentia que tinha que ficar no telefone com ela para ter certeza de que ela estava bem. Aprendi que isso, combinado com minhas ligações iniciais para papai, era o motivo de eu ter uma energia horrível em relação a ligações telefônicas em geral." Kelly até teve problemas para se comunicar com amigas e manter relacionamentos de longa distância porque ela se calava e desligava o telefone. Com o tempo, Kelly conseguiu melhorar e perdoar seu relacionamento com a mãe e ver suas experiências de infância de forma mais objetiva e com muito amor. Ela está muito mais confortável ao telefone porque agora entende e controla esse gatilho. "Acredito que a vida nos dá lições difíceis pelas quais devemos passar", disse ela. "As ligações telefônicas me trouxeram lições, repetidas vezes."

Quando os gatilhos são acionados, as quebras de padrão são um salva-vidas para Kelly. "Por um tempo, eu me movimentava, fazia polichinelos, cantava uma musiquinha, tomava um banho quente — e, então, visualizava estalar um dedo em minha mente para mudar meu humor." Sentir-se incompreendida, digamos, por um colega de trabalho, membro da família ou amigo, é outro grande gatilho para Kelly, assim como para muitos. Quando isso acontece, ela se pergunta por que está se sentindo desse jeito e percebe que está atribuindo significado a uma situação que cria uma crença que ela tem o poder de mudar. "Aprender a parar e perceber que posso criar novos pensamentos para uma nova realidade foi uma grande epifania para mim", disse ela. "Não quero que a ansiedade seja minha realidade."

No centro da perspectiva de Kelly está a vontade de fazer as coisas de forma diferente, que ela atribui ao amor-próprio e a um valor recém-descoberto. Ela se solta da necessidade de controle e arranja tempo para caminhadas pela natureza, banhos de espuma, para se manter em um estado de gratidão e passar o tempo em sua sauna infravermelha. Ela evita a autocrítica e, se entrar em uma espiral, examina as situações que a provocam e as ressignifica. Ela não se vê mais como vítima das circunstâncias e não acredita nas ações e julgamentos dos outros. "Eu posso escolher sozinha como me sinto sobre mim mesma. Não preciso ouvir as regras e os pensamentos de outras pessoas e tomá-los como verdade", disse ela. "Eles não precisam ser a minha verdade. Posso tomar decisões sobre o que sinto em relação a mim mesma."

Esteja manifestando ou vivendo seu dia, Kelly age com base na orientação intuitiva e em quais gatilhos continuam a aparecer. "Os oito segredos se tornaram parte de mim", disse ela. "É um modo de vida agora, e, conforme escolho implementar as ferramentas que aprendi com essas lições renovadoras, as coisas ficam melhores, mais abundantes e mais emocionantes."

Mude Seus Pensamentos, Mude o Futuro

Manifestar é uma impossibilidade se um dos demônios de sua programação que você tem que derrotar são formas profundas e repetidas de autoflagelação. Embora a raiz desse problema venha de influências externas, o fato de nós mesmos o reforçarmos sempre o manterá em uma vibração baixa e sustentada até que você faça uma escolha consciente de mudar de rumo. É quando sua energia está em sincronia com a do universo e suas frequências combinadas realmente trabalham em sua magia inter-relacionada.

A autoestima de Mike estava no lixo quando o conheci, mas ele é uma de minhas histórias de sucesso favoritas, porque seu compromisso contínuo com o autocrescimento — e as manifestações que vêm a partir disso — são muito divertidos de testemunhar. Quando Mike me encontrou pela primeira vez, tinha problemas de confiança e com sua conversa interna negativa. Ele se preocupava com a síndrome do impostor, sentia-se indigno e tinha dificuldade em se relacionar com os outros. Quando trabalhava como cientista, participava de seminários e depois voltava para o quarto para se esconder. Mike era muito reconhecido em seu campo de trabalho e, embora muitas vezes tivesse uma audiência cativa durante suas palestras, ele ainda temia que secretamente não tivesse ideia do que estava fazendo e alguém descobriria que era tudo um monte de baboseira.

Enquanto aprendia os oito segredos, Mike percebeu que seu cérebro estava criando essa falsa realidade e que, se quisesse, poderia criar uma diferente. "Quando me vejo entrando em mentalidades e emoções negativas, posso optar por não o fazer", disse ele. "Eu tomo a decisão de mudar de canal, então eu faço. Às vezes uso declarações 'eu sou/eu estou' que são apropriadas, às vezes digo a mim mesmo que me amo. Também é útil lembrar que não importa como eu me sinta naquele momento, alguém lá fora me ama e me aceita do jeito que sou."

Para Mike, manifestar é "simplesmente sair de seu próprio caminho" — embora eu saiba que há um componente muito mais energético nisso. E suas novas crenças, que eu sinto que reprogramaram suas vias neurológicas, são parte de sua fórmula vencedora. Mike manifestou realizações profissionais e pessoais com facilidade e conforto. "Quando deixei de ser cientista, pensei em fazer consultoria e disse: 'Quero US$140 mil em contratos antes de fazer isso'", disse Mike. "Ao falar, tive uma visão do que queria e cheguei ao ponto de ter US$120 mil em contratos propostos — mas teria zero se não tivesse determinado para onde queria ir. Saí de meu próprio caminho, comecei a procurar o que queria e encontrei. É assim que funciona." Até o momento em que este livro foi escrito, ele também perdeu quase 30kg depois de decidir emagrecer! "Nunca senti vontade de fazer isso antes, mas decidi um dia que iria gostar apenas de frutas e vegetais mais do que das outras coisas, que me alimentar deles seria minha prioridade, e ficaria feliz com isso", disse ele. "Não estou me esforçando porque estou fazendo o que quero." Mike disse que não se preocupa com o que o mantinha em uma situação ruim, é uma questão de escolher a autoaceitação e uma perspectiva sem julgamentos todos os dias.

E quanto àquela timidez inicial que o mantinha em seu quarto de hotel nas conferências? Mike agora vive para a comunicação. "Adoro conhecer pessoas, conversar com elas, e me divirto com isso", disse ele. "Se não estou com vontade, substituo esse sentimento dizendo a mim mesmo que será divertido." Ele adota a atitude que quer sentir. "Eu vou dizer: 'Vou me divertir', já que é isso que eu quero. A manifestação sai disso."

Abraçando a Positividade Genuína

Sempre digo que você pode agir tão positivamente quanto quiser, mas, se sua mente não acreditar, todos aqueles sorrisos forçados e perspectivas radiantes não significarão nada. Você tem que treinar o cérebro para realmente acreditar e substituir essencialmente sua programação negativa por uma experiência mais positiva e poderosa. Por sua vez, isso ajusta sua energia intencional e eleva sua vibração.

Minha cliente Dianne é profissional em manifestação — sério, uma profissional! Ela participou majoritariamente de meus programas online, nos quais foi capaz de identificar inicialmente os fatores que a impediam de alcançar o que achava ser seu pleno potencial. No quesito profissional, ela sempre pulava de uma oportunidade para outra sem saber no que deveria se concentrar, e nunca acreditou que ganhar dinheiro com facilidade fosse para ela. Dianne também se preocupava constantemente com seu futuro emocional, já que suas programações passadas a condicionaram a pensar que era mais provável que as coisas dessem errado do que dessem certo. Então ela procurou reformular essas crenças limitantes e alcançar o equilíbrio interior por meio de meus programas, em vez de chafurdar no que sentia que estava falhando. Ela se concentrou em se tornar positiva de uma maneira realista, em vez de se tornar perfeita quando o assunto eram seus objetivos — e por isso o universo a abençoou com prosperidade em abundância.

Depois de trabalhar com os oito segredos, Dianne percebeu que havia criado uma persona baseada no modo como ela cresceu. Ambos os pais de Dianne são ministros da igreja, e, ao longo de sua jovem vida, ela foi ensinada a dar infinitamente aos outros, mesmo que isso sobrecarregasse ou "me esvaziasse", disse ela. "Eu cresci pensando que se as pessoas pedissem ajuda e eu recusasse, era um pecado." Dianne também foi ensinada que deveria se casar com o homem que tirasse sua virgindade, então, quando foi estuprada pelo primeiro namorado, Dianne ficou com ele por quase nove anos e suportou seu abuso físico e verbal; ela sentia que se não se casasse com ele, não valia nada, pois não era mais virgem. "Esse relacionamento reforçou a crença de que, se os outros me machucam, eu deveria deixar que eles fizessem isso. Dei muito a outra face", disse ela. Curar seu passado complicado significava ver seus pais, que estavam inevitavelmente ligados ao seu sistema disfuncional de crenças, por uma nova lente objetiva — e se ver sob uma luz diferente. "No começo, tive dificuldade para acreditar que meus pais poderiam, sem saber, prejudicar o jeito como eu me via por causa da maneira que eles me criaram", disse ela. "Meu passado criou âncoras que me mantinham presa de várias maneiras. Porém, quando cheguei a um acordo com essa situação, aprendi que poderia me tornar alguém melhor sem essa persona. Saí de quem eu era e vi o que precisava ser consertado e o que precisava ser deixado de lado." Ser positiva sobre o futuro, pessoal ou profissionalmente, foi uma escolha em conjunto, e praticar isso construiu melhores vias neurológicas.

Quebras de padrões foram o ponto-chave para se sentir otimista de verdade sobre o que o amanhã poderia trazer. Sempre que Dianne antecipava o futuro com medo, ela parava sua linha de pensamento negativo, cantava uma música que a deixava feliz e depois dizia a si mesma para pensar em todas as coisas boas de sua vida que a faziam se sentir grata. Isso progrediu para pensar regularmente em coisas boas que estavam prestes a chegar e sentir que ela as *merecia*. Esta última parte foi fundamental para curar as crenças de Dianne, uma vez que ela já havia lutado para ver suas necessidades como algo valioso. Ter uma positividade natural tornou mais fácil para Dianne acreditar em um futuro brilhante: "Acabei acreditando que tudo se encaixaria e que eu mereço todas as coisas boas que aconteceram e que ainda acontecerão comigo."

Em pouco tempo, Dianne aceitou de forma genuína que merecia amor-próprio e um tratamento superior, e que não precisava fazer algo grandioso para conquistar essas coisas. Sua vibração disparou, assim como suas manifestações. "Agora dou o que posso porque isso me faz feliz. Também peço o que quero, em tempo real e nas manifestações, e por isso sempre consigo o que quero. Às vezes consigo fazer isso apenas pensando atentamente." Dianne infunde tudo o que pensa e o faz com um amor extremamente positivo e inspirador, que é bem diferente de seu condicionamento: "É um amor que não me esgota. Um amor que não vai acabar me machucando. Amor que enche meu coração."

Então, o que Dianne manifestou? Acho que seria mais fácil dizer o que ela não manifestou! Sapatos novos, aparelhos, um emprego mais bem pago, um procedimento cirúrgico tranquilo, carros, a casa dos seus sonhos à beira-mar e o negócio dos seus sonhos (para citar apenas algumas das coisas que ela manifestou). Para chegar a esse ponto, ela gosta de desenhar seus objetivos ou de tirar fotos deles com sua câmera. Então ela ora por seus desejos e agradece a Deus por trazê-los a ela, porque acredita fervorosamente que Deus já os está enviando para que ela receba. Enfim, Diane visualiza a si mesma no contexto de seus objetivos e toma medidas de ação que "parecem leves e não pesadas". Ela também cortou laços com pessoas e oportunidades que roubavam sua energia positiva — e ela nunca olha para trás. Consequentemente, a vida de Dianne é o próprio projeto incrível dela.

"Sempre soube que eu era a solução para meus próprios problemas", disse ela, "mas nunca me olhei no espelho para perceber quem eu queria ser. Muita coisa mudou para melhor e continua mudando. Eu dou créditos aos oito segredos por serem uma grande parte de quem eu sou hoje".

Busque o Crescimento, Seja Como For

Uma coisa que amo muito nos oito segredos é que você não precisa estar em uma situação ruim para aproveitá-los ao máximo. Você não precisa reconhecer que está operando a partir de um espaço negativo, de uma sensação de carência, de uma autoimagem ruim ou até mesmo de uma programação defeituosa para poder se beneficiar. É o suficiente simplesmente desejar uma vida melhor e um crescimento espiritual, e ver as peças se encaixarem magicamente a partir daí.

Carla inicialmente se inscreveu em meu programa online porque estava em "uma jornada de desenvolvimento pessoal". Então, à medida que ela se aprofundava nas técnicas, "coisas que precisavam ser abordadas se revelavam automaticamente". Em outras palavras, o universo fez o que tinha de fazer.

Carla me disse que sempre esteve ciente de seus humores e de seus sentimentos e o efeito deles em seu bem-estar geral, mas que os oito segredos lhe ofereciam uma abordagem mais intencional e estruturada para monitorar sua vibração. Mesmo assim, ela usava as ferramentas que funcionavam para ela e deixava para lá aquelas que não funcionavam. Embora ela nunca tenha definido alarmes para fazer os registros energéticos, por exemplo, ela media sua "temperatura emocional/vibracional" ao longo do dia, para ajudá-la a acessar não apenas seus sentimentos, mas os "sentimentos sobre seus sentimentos" — isto é, de onde eles estavam vindo, por que e o que fazer com eles, até que ela pudesse encontrar uma resposta para ajudá-la a usar essa nova estrutura.

Em pouco tempo, Carla percebeu que energias densas estavam surgindo para chamar sua atenção e proporcionar uma oportunidade de trabalhar com elas e elevá-las. "Aprendi que, em vez de me criticar por me sentir negativa, devo encorajar com carinho os aspectos de mim mesma que experimentaram dor, confusão ou trauma, e dar garantias delicadas de que trabalharíamos juntos", disse ela. Carla decidiu que não seria mais desdenhosa ou frustrada consigo mesma, o que também promoveu uma atmosfera de cura. E, à medida que ela apresentava maior compreensão e compaixão por si mesma, descobriu que as personas vinham à tona — especificamente, A Que Agrada às Pessoas, A Molenga e A Vítima —, o que a colocava no caminho para entendê-las, curá-las e transformá-las. "Trabalhei para descobrir como essas personas achavam que estavam me protegendo e, ao desvendar essa informação importante, fui capaz de substituí-las por alternativas saudáveis e de alta vibração", disse ela. Ao mesmo tempo, as quebras de padrão como fazer caminhadas para limpar a cabeça e movimentar o corpo, além de estar com animais de estimação, eram de grande valia. A meditação, as músicas voltadas à vibração e sons como tambores xamânicos e batidas binaurais também se tornaram práticas regulares. Todas essas ferramentas a ajudam a capturar emoções negativas antes que elas se transformem em depressão ou desamparo.

Carla se concentra na energia intencional positiva e sustenta uma alta vibração tanto para sua sanidade quanto para suas habilidades de manifestação. Embora o amor-próprio tenha a ajudado a curá-la de transtornos alimentares e relacionamentos narcisistas que ofuscavam a maior parte de sua vida, ela diz que todos os segredos a encorajaram a perceber que ela precisava ser "a melhor amiga de si mesma" para tomar decisões alternativas daqui para a frente. Ela regularmente eleva sua vibração ao listar na mente todas as coisas pelas quais é grata, ao passar um tempo na natureza com seus animais, ao ouvir suas músicas favoritas e ao saborear cada experiência, até mesmo uma xícara de café ou uma taça de vinho no seu quintal. "E cuido do que sinto, visto que isso é o que produz o meu presente e o meu amanhã", ela explicou. "Como somos seres energéticos, temos um poder impressionante, e com ele vem a responsabilidade e a alegria tremenda de direcionar deliberadamente nossa energia para manifestar a vida incrível e plena que viemos a essa terra para abraçar.

O processo de manifestação de Carla envolve especificamente identificar seus desejos, reconhecer conscientemente que ela é feita a partir da energia divina que existe dentro dela, visualizar a cena final do que deseja e deixar que tudo isso seja. Ela também acha que escrever em um diário é um ótimo meio de focalizar as intenções. A meditação a ajuda a envolver a si mesma em uma quietude e em uma confiança no processo que é vital para se desapegar. Ela sente qual deve ser seu caminho através das medidas da ação, determinando se elas parecem leves ou pesadas. Ela diz que sempre manifestou as pessoas, circunstâncias e os recursos necessários para alcançar cada etapa do crescimento — financeiro, profissional e pessoal. Ela até liga para seu eu do futuro quando enfrenta um desafio. "Muitas vezes, imagino meu eu do futuro explicando aos amigos como recebi uma promoção ou como defini energia intencional para a cura de alguém apenas para que essa pessoa me ligasse de volta para me dizer o quanto se sentiam melhor", disse ela. "Um de meus maiores triunfos foi entender que tudo já está feito. Qualquer coisa que desejamos já é uma realidade, e é necessário apenas que escolhamos isso para nós mesmos e nos estabeleçamos em nossa realidade."

Como muitos de meus belos clientes que adoro profundamente, tudo o que você imagina para si mesmo está apenas aguardando para se integrar à sua realidade. Os oito segredos o ajudarão a manifestar esse futuro, assim como sua própria compreensão, paciência, foco e intuição. É meu desejo mais profundo que você agora confie e acredite que uma vida curativa e milagrosa é possível para você quando estiver pronto para aumentar sua energia e reivindicá-la. Você merece tudo de bom neste mundo e é digno de recebê-lo em abundância. E caso ninguém tenha lhe dito isto hoje... Eu te amo.

Dicas e Lições

- Use a base dos oito segredos para tornar seu o processo de manifestação.

- Sua vibração está pronta para ser elevada — com grandes mudanças financeiras, emocionais e físicas pela frente!

- Conectar-se com seus sentimentos permite que você transforme traumas dolorosos em crescimento e perspectiva.

Quando você treina o cérebro para acreditar e substituir sua programação negativa por uma experiência mais positiva e poderosa, ajusta sua energia intencional e eleva sua vibração.

Você não precisa estar em uma situação ruim para se beneficiar dos oito segredos. Você pode simplesmente desejar uma vida melhor e crescimento espiritual, e definir a intenção para sentir e espalhar amor ao cocriar com Deus.

CONSIDERAÇÕES FINAIS

Estou escrevendo isto enquanto me aconchego em um grande sofá estilo namoradeira na minha biblioteca, cercada por muitos livros e caixas ainda fechadas de nossa mudança recente para o Colorado. Apesar do fato de que o cômodo está praticamente sem decoração e precisa desesperadamente de um tapete, este é um espaço sagrado para mim. De onde estou, duas janelas que vão do teto até o chão emolduram as majestosas Montanhas de La Plata à distância. A primavera chegou, e uma brisa refrescante sopra delicadamente nas ameixeiras e nos arbustos de lavanda lá fora. Embora eu esteja atraída pela paisagem, essa não é apenas uma vista bacana para mim. É uma manifestação se tornando realidade. A energia dentro e em volta de nossa casa é calma e, ainda assim, viva. Não importa o que o dia traga ou com qual humor eu esteja, é uma sensação boa estar aqui. Estou exatamente onde deveria estar.

Por enquanto, de qualquer forma.

Nós nos mudamos para nossa cidadezinha no Colorado porque foi para onde Deus guiou nossa família por ora. Nossa vida aqui é um contraste claro com a que tínhamos quando morávamos em Laguna Beach, onde nossos amigos famosos se juntavam a nós para assistir ao sol se pôr no Pacífico e alguns dos melhores restaurantes do país ficavam bem na esquina. Não vou mentir, sinto falta do Nobu. Porém, o Colorado é onde vamos criar nossos filhos, continuar a aumentar nosso negócio, encontrar amigos novos e que são guiados pelo coração, ajudar um número crescente de clientes a alcançar seu potencial máximo e atender ao chamado significativo de nossa alma. É onde continuarei a permitir que o poder de Deus flua por mim todos os dias para que eu possa ajudar outras pessoas a viverem a vida da melhor maneira.

Não é de se admirar que eu me sinta tão em casa aqui.

O mais engraçado é que me sentir tão satisfeita não é a mesma coisa que sentir que "alcançamos tudo o que queríamos". Na verdade, é bem o oposto para mim. Eu me sinto energizada a fazer mais, como se estivesse apenas começando. Quando você tem uma mentalidade de manifestação, nunca para de criar. Nunca há um ponto de chegada. É uma evolução constante. Minha empresa tem muitos planos grandes, e nós estamos crescendo aos trancos e barrancos.

Tive esse sonho louco e magnífico e conscientemente o fiz tornar-se realidade.

Como você agora já sabe, os segredos de manifestação não servem apenas para conseguir o que você quer; o que vale é usar o crescimento interno para ajudar você a criar a vida que deseja. Quando você escolhe curar e nutrir seu mundo interior com amor e integridade, seu mundo exterior reflete isso profundamente e de uma maneira linda. O escopo de sua vida se torna muito maior do que você poderia imaginar porque sua paisagem interna está em fluxo com o mundo ao seu redor. Neste momento, meu mundo inteiro está maravilhosamente refletido nas imponentes montanhas e na vegetação exuberante que me cercam aqui no Colorado. Eu tenho um relacionamento amoroso com minha família e conexões genuínas com meus amigos. Eu estou unida com Deus. Eu vivo e respiro a minha verdade, e isso está refletido em meus mundos tangível, emocional e espiritual. Uma vez que você abraça a *sua* verdade, também nunca vai querer fechar os olhos para o que ela produz.

Enquanto eu o solto no mundo, desejo inteiramente que você encontre seu eu mais verdadeiro — um eu cuja luz está acesa tão intensamente que você nunca viverá na escuridão de novo. Lembre-se também de que os oito segredos não falam de perfeição, mas de progresso. Se você melhorar apenas 1% a cada dia, ainda conseguirá um enorme crescimento e uma mudança com o tempo, porque está escolhendo o autocontrole. Qualquer pessoa que tenha a sorte de comprar este livro e lê-lo é absolutamente capaz de ter uma vida bela. Se um conceito não ressoar agora, volte a ele depois, ele pode fazer sentido amanhã.

Confie que você é divinamente apoiado. Saiba que você é incondicionalmente amado pelo universo e por mim. E nunca se contente com menos do que sua própria visão de ameixeiras oscilantes e arbustos de lavanda. Eu prometo a você, com todas as minhas forças: *você é digno e pode manifestar todas as coisas.*

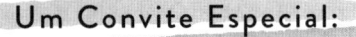

A COMUNIDADE DOS 8 SEGREDOS

Os leitores deste livro criaram uma incrível tribo de almas, todas correndo em direção à sua melhor vida. Com um profundo desejo de mudar a vida, melhorar a vida ou impactar positivamente os outros, trabalhamos juntos para eliminar o que nos impede de alcançar nossa mais bela realidade no bem mais alto de todos.

Como criadora e autora de *8 Segredos para Uma Manifestação Poderosa*, sei que devo meu trabalho a uma fonte divina e às almas que ressoam com o trabalho que sou abençoada por ter fluindo por mim. Na comunidade da Authentic Living, tenho visto o poder do tipo de energia coletiva que milhares de almas crescendo juntas geram, e, se tivesse a oportunidade de trazer mais almas para este planeta em alta manifestação vibracional, eu certamente atenderia ao chamado. Com a intenção de servir, responsabilizar uns aos outros, oferecer perspectivas que o livro ensina, amar e elevar uns aos outros com o poder do conhecimento no livro e além, eu soube que uma comunidade online seria um paraíso incrível de mudanças maciças, bonitas e eternas.

Isso soa atraente para você? Considere isso o convite para se juntar a nós! Basta acessar o site www.authenticliving.com/family [conteúdo em inglês] e solicitar o acesso para se juntar ao nosso grupo e compartilhar suas intenções com almas que têm a mente parecida com a sua, que podem já ter lido o livro, estão no meio da leitura, estão revisitando certos ensinamentos ou, como você, estão apenas começando! Sou conhecida por criar algumas das comunidades mais solidárias, imparciais e mágicas nas mídias sociais, e minha linda equipe e eu estaremos lá postando, respondendo perguntas e fazendo *lives* com frequência para apoiá-lo no que não é apenas um livro, mas um novo modo de vida. Mal posso esperar para ver seu primeiro post!

E caso ninguém tenha dito isto hoje... Eu te amo.

Um Presente para Você

Sou muito grata por você ter comprado este livro e ter me permitido fazer parte de sua jornada de meditação. Como agradecimento, eu gostaria de presenteá-lo com a meditação *"10-minute Meditation for Manifesting Abundance Quickly"* [10 Minutos para Manifestar Abundância Rapidamente, em tradução livre], que pode ser encontrada em http://authenticliving.com/gifts.

ÍNDICE

A

abundância, ii, xvi, 2
  de pensamentos, 49
aceitação incondicional, 114
afirmação modelo, 164–165
alma, 3
alta frequência dominante, 140
amor, 5
  divino, 5
  fontes de, 3
  frequência do, 128
  incondicional, 2, 15, 115, 119
  -próprio, xx, 8, 22, 110, 113, 186
AMZ, processo, 162–163, 165
angústia, 11
ansiedade, 34, 74, 123, 165
antena energética, 140
aptidão, 4
ataques psicossomáticos, 16
atenção plena, 186

atitude alegre, 42
autenticidade, 9, 15
autoconhecimento, 1
autocrítica, 208
autocuidado, 125
autocura, 12
autodepreciação, 53, 87, 90, 141
autodesenvolvimento consciente, 195
autodomínio, 21, 186
autoestima, 8
autoflagelação, 3
autojulgamento, 5
autopercepção
  distorcida, 81
autoproteção, 101

B

baixa autoestima, 201
batidas binaurais, 215

bem maior, 18

Bíblia, 159

bloqueio de manifestação, 101

bobina

  consciente, 92

  subconsciente, 63, 68

    desagradável, 37

bulimia, 7

busca, 13

C

caminho, 4, 9

  energético, xvi

caminhos neurológicos, xix

campo

  áurico, 44–46, 57, 135

  de energia, 32

    denso, 79

canalização, 11, 47

Carl Jung, psicólogo, 194

centralidade consistente, 171

centro espiritual, 13

chacras, 44, 98

  sistema de, 44

ciclo

  abusivo, 8

  tóxico, 8

ciência, 41

compaixão, 11, 48

complacência, 35

comportamentos prejudiciais, 122

compromisso, 10

compulsão, 141

condicionamento, 10

conexão, 10, 12

conexões inúteis, 79

confiança, 159

confusão, 5

  mental, 74

conquistas, 8

consciência emocional, 204

conselhos divinos, 186

contramanifestação, xviii, 27, 31, 72

controle, 11

conversas difíceis, 13

crença prejudicial, 79

crenças, xvi

  baseadas no medo, 121

  de alta vibração, 172

  fortalecidas, 116

  negativas, xviii

  sabotadoras, xix

crescimento, 15

  espiritual, xvii, 16

culpa, 5, 14

curandeiro energético, 12

D

demônios, 2

depressão, 123, 215

desejos conscientes, 35

desembaraço energético, 164

Deus, 9

  energia de, 152

plano de, 151
poder de, 220
dever, 14
direção, 10
doença de Lyme, 151
doenças psicossomáticas, 16, 180
dons espirituais, 13

E
emoções, 6
empatia radical, 14
endorfina, 98
energia, 10
de baixa frequência, xviii
desembaraçar a, 82
do pensamento, 50, 72
embaraçada, 182
empática, 73
intencional, 10, 14, 143
positiva, 4
vibracional, i
do amor, 114
estagnada, 71
entendimento espiritual, ii
escala emocional/vibracional, 108–
109, 134
escolhas, 11
espaço vibracional elevado, 28
espectroscopia molecular, 127
esperança, 159
espiral negativa, 100
espiritualidade, 18
essência, 4

estado
de alta vibração, 49
de clareza, 49
vibracional, xviii, 37
crescente, 88
elevado, 22, 29, 66
estímulo energético, 96
evento traumático, 29
exercícios de aterramento, 64
existência vibracional elevada, 81
expectativa, 159
mentalidade de, 160

F
Facebook, 165, 204
falhas, 9
fardos emocionais, 4
fé, 10, 159
feedback energético, 50
fiação neurológica, 52
filantropia, 126
física quântica, 50
fluxo da existência, 23
força maior, xviii
formadores de opinião, xvi
fracionamento emocional e
energético, 118
frequência, 11
mesclada, 46
futuro, 4, 6

G
gatilhos, 14, 95

desestabilizar os, 96
no trabalho, 97
psicológicos, 22
traumáticos, 114
gestos de perdão, 118
graduação, 7
gratificação, 7

H
habilidades, 12
hábitos alimentares neuróticos, 141
hierarquia vibracional dos
    sentimentos, 96
hiperconsciência, 63
hipnagógico, estado, 146–147
hipnopômpico, estado, 146,
    148–149
holograma universal, 188
honestidade, 10
humanidade, 9

I
identidade, 6
inconsciente coletivo, 194
informação, 11
instabilidade, 6
insuficiência, 2, 5
integridade, 10
intenções positivas, 159
intuito, 10
investigação autorreflexiva, 103

J
jogo energético, 17
jornada, xvii, 11
    da alma, 174

L
legados, 5
lei da atração, 52
lugar vibracional, 137
luz, 6

M
macrogatilho, 103
magia sincrônica, 18
manifestação, 21–22
    mecanismos psicológicos da, 27
    metas de, 22
    processo de, 27
manifestações
    instantâneas, 49
    positivas, 52
Mary Shelley, escritora, 147
mecânica quântica, 11
medidas
    de ação, 155
    preventivas, 137
meditação, 12, 186
    guiada, 106
médium, 15
medo, 11
    corrosivo, 165
    de mudar, 35

memória, 101
mentalidade, 10
 de expectativa, 158
 espiritual, 11
 ilimitada, 185
mente analítica, 4
metafísica, 11
microgatilho, 103
milagre, 10
modelo de manifestação, 155, 158

N
natureza, 5
negação, 8
neurônios-espelho, 53
neuroplasticidade, 174

O
objetivo de manifestação, 138
oportunidades, 11
orientação, 10
 divina, xviii

P
padrões
 geracionais, 15
 prejudiciais, 14
pânico, 34
papimi, dispositivo médico, 180
pensamentos, 5–6
 incapacitantes, 35
 positivos, 28
percepções, 8, 10

perdão, 14
plano
 de manifestação, 156
 divino, 81
 energético divino, 37
plasticidade cerebral, 52, 53
poder, 10
 maior, xvii
 superior, 10
potencial, 4, 9
preocupação logística, 135
presença energética, 43
primeira lei da termodinâmica, 43
princípios, xvi, 10, 14
processo de cocriação, 38
programações
 negativas, 80
 passadas, 27, 36
 negativas, 23
propósito, 12
psique, 69, 186, 194

R
raiva, 5
rede proverbial, 79
remapeamento cortical, 52
resiliência ao estresse, 47
reviver o passado, 71

S
Salvador Dalí, pintor, 147
satisfação genuína, 22

saúde mental, 7
segredos, xv, 1
sentimentos, 6
  de inferioridade, 87
servidão, 10
sessão de cura, 12
síndrome do impostor, 209
sistema límbico, 107
situações emocionais, 3
subconsciente, 32
sucesso financeiro, 25
superação pessoal, 118
superar desafios, xvi
suposições negativas, 72

T
tambores xamânicos, 215
tarefas diárias, 140
técnicas de manifestação, 11
Thomas Edison, cientista, 147
tom vibracional, 142
trabalho, 10
transmutação, 46
Transtorno
  de Estresse Pós-Traumático
    (TEPT), 190–191
  Dissociativo de Identidade
    (TDI), 86

trauma, 9
  de infância, 2
  sexual, 117
traumas, 28, 102
  se esconder de, 69

U
universo, xviii, 9

V
valores familiares, 200
vergonha, 2, 14
versões inautênticas, 79
vibrações, 14
  fortes e elevadas, 45
vida, 7
  de alta vibração, 26
viés de negatividade, 73

Y
YouTube, 162

Z
zona de conforto, 158, 193

Projetos corporativos e edições personalizadas
dentro da sua estratégia de negócio. Já pensou nisso?

Coordenação de Eventos
Viviane Paiva
viviane@altabooks.com.br

Contato Comercial
vendas.corporativas@altabooks.com.br

A Alta Books tem criado experiências incríveis no meio corporativo. Com a crescente implementação da educação corporativa nas empresas, o livro entra como uma importante fonte de conhecimento. Com atendimento personalizado, conseguimos identificar as principais necessidades, e criar uma seleção de livros que podem ser utilizados de diversas maneiras, como por exemplo, para fortalecer relacionamento com suas equipes/ seus clientes. Você já utilizou o livro para alguma ação estratégica na sua empresa?

Entre em contato com nosso time para entender melhor as possibilidades de personalização e incentivo ao desenvolvimento pessoal e profissional.

PUBLIQUE
SEU LIVRO

Publique seu livro com a Alta Books.
Para mais informações envie um e-mail para: autoria@altabooks.com.br

CONHEÇA OUTROS LIVROS DA **ALTA BOOKS**

Todas as imagens são meramente ilustrativas.

 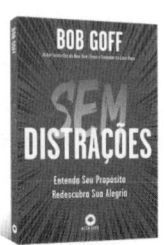

Este livro foi impresso nas oficinas gráficas da Editora Vozes Ltda.,
Rua Frei Luís, 100 – Petrópolis, RJ.